Katharina Zimmer

DAS LEBEN
VOR DEM
LEBEN

Das Buch zur Serie im ZEITmagazin

Das vorliegende Buch stellt den ersten und noch weithin unbekannten Abschnitt der Entwicklung im Leben des Kindes dar: die Zeit im Mutterleib. Die überraschenden neuen wissenschaftlichen Erkenntnisse sind hier in Text, Bild und Illustration so zusammengetragen, daß sie auch für Laien verständlich sind. Den Forschungsergebnissen der letzten Jahre gemäß, liegt dabei ein besonderer Akzent auf der Einheit der seelisch-körperlichen Entwicklung.

Dieses Buch ist der erste Teil eines in drei Büchern geplanten Atlas der seelischen und körperlichen Entwicklung. Band zwei soll das erste Lebensjahr und Band drei die Entwicklung vom zweiten bis zum fünften Lebensjahr behandeln. Auch in diesen Bänden wird die seelische und körperliche Entwicklung als eine Einheit im Vordergrund stehen. Wie im vorliegenden Buch soll ein Band zwischen verschiedenen Forschungsdisziplinen einerseits und dem Laien, vor allem den Eltern, andererseits geknüpft werden. Die von der Wissenschaft erst neuerdings erforschten Zusammenhänge zwischen Bewegungs- und Wahrnehmungsentwicklung und geistig-seelisch-sozialer Entfaltung werden dabei eine ihrer außerordentlichen Bedeutung entsprechende ausführliche Beachtung finden. Auch in diesen beiden Bänden sollen die Texte durch Informationen aus Bild und Illustration ergänzt werden.

Katharina Zimmer

DAS LEBEN VOR DEM LEBEN

Die seelische und körperliche Entwicklung im Mutterleib

Kösel-Verlag München

Für Lena, deren
Entwicklung wir
in diesem Buch
dokumentiert
haben.

» Sag mir nur: wann fängt das Leben an? Sag nur, ich bitte
dich inständig: hat das deine wahrhaftig schon begonnen? Wann?
In dem Augenblick, als der Lichttropfen, den man Spermium
nennt, deine Zelle durchstieß und teilte? In dem Augenblick, als dir
ein Herz wuchs und Blut zu pumpen begann? In dem Augenblick,
als sich in dir ein Gehirn herausbildete und ein Rückenmark und du
menschliche Gestalt anzunehmen begannst? ... Was gäbe ich
darum, Kind, könnte ich deine Stummheit bezwingen ... könnte
ich dich sehen und von dir Antwort bekommen. «

Oriana Fallaci[1]

Kösel Sachbuch
Redaktion: Hermann Hemminger

CIP-Kurztitelaufnahme der Deutschen Bibliothek

Zimmer, Katharina:
Das Leben vor dem Leben : d. seel. u. körperl.
Entwicklung im Mutterleib / Katharina Zimmer.
– München : Kösel, 1984.
(Kösel Sachbuch)
ISBN 3-466-11051-3

© 1984 Kösel-Verlag GmbH & Co., München
Alle Rechte vorbehalten
Graphiken. Layout und Umschlag:
Dierk Arnold, Hamburg
Gesamtherstellung: Kösel, Kempten
Printed in Germany
ISBN 3-466-11051-3

Professor Dr. Sepp Schindler, Universität Salzburg, Vorsitzender der Internationalen Studiengemeinschaft für Pränatale Psychologie

Vor mir auf dem Schreibtisch steht ein Foto: Es zeigt die rundliche Hand eines Kindes, deren Finger sich um eine Art Tau schließen. Bei näherem Zusehen läßt sich erkennen, daß dies die Aufnahme von einem Kind im Mutterleib ist, das seine Hand um die Nabelschnur gelegt hat. – Dieses Bild symbolisiert für mich den Menschen, der bemüht ist, die Quellen seines Lebens zu erspüren und der, wenn er dies zu heftig tut, auch dieses Leben selbst gefährden kann.

Seit Menschen über ihr Dasein nachdenken, sind sie auch bemüht, etwas über dessen Anfänge zu erfahren. Wie denn dies alles begonnen habe, ist eine Frage, auf die zu antworten sich nicht nur zahlreiche Mythen bemühen, sondern auch moderne naturwissenschaftliche Theorien. Ja, selbst die Frage der Kinder »woher komme ich?« zielt auf das gleiche existentielle Problem und ist auf das engste verbunden mit der Frage nach der eigenen Identität. Die Bedeutung des ersten Schrittes für die folgende Entwicklung ist seit Jahrtausenden bekannt: »Ein Baum von zwei Klafter Umfang wächst aus einem haarfeinen Sprößling. Ein Turm von neun Stockwerken entsteht aus einem Erdhaufen. Eine Reise von tausend Meilen beginnt mit dem ersten Schritt« (Laotse).

Es wäre daher naheliegend, daß auch die Psychologie als »Wissenschaft vom menschlichen Erleben und Verhalten« konsequent nach dessen Anfängen fragt. Tatsächlich aber begann sie ihre Darstellung bis vor kurzem erst mit der frühen Kindheit. Dies hat sich im vergangenen Jahrzehnt grundlegend geändert. So eindrucksvolle Bilder wie das oben beschriebene oder wie die Bilder in diesem Buch wären nicht möglich, hätte nicht die Wissenschaft und ihre Technik Wege gefunden, das Kind im Mutterleib zu beobachten und seine Bewegungen zu registrieren.

Viele Erfahrungen, von denen auf den folgenden Seiten berichtet werden wird, sind auf diese Weise gewonnen worden. Sosehr diese neuen Einblicke Menschen berühren können und uns wohl auch der Lösung der einen oder anderen Frage im Zusammenhang mit dem Ursprung unserer Erfahrung und unseres Erlebens näherbringen können, ebensosehr regen sie zur Diskussion an und werfen neue Fragen auf. Es ist nicht verwunderlich, daß Menschen gefühlsmäßig sehr stark bewegt werden, daß sie betroffen sind, wenn sie erstmals von den psychosomatischen, den leibseelischen Vorgängen und Zusammenhängen der vorgeburtlichen Lebenszeit erfahren. Viele Entscheidungen hängen davon ab, wie unsere Kinder die Welt erleben, ob sie es spüren, wie wir uns ihnen gegenüber verhalten, ob sie etwas von der Erwartung, der Unruhe, der Angst oder auch der Freude mitbekommen, die mit ihrer Ankunft für ihre Eltern verbunden sind.

Es ist aber auch unsere eigene Herkunft, unsere eigene Lebensgeschichte, die bei dieser Thematik in Frage steht. Und tatsächlich ist die Diskussion um eine Psychologie der vorgeburtlichen Lebenszeit zunächst nicht von der Entwicklung des Embryos und seines Verhaltens ausgegangen, sosehr sie auch dadurch gefördert worden ist. Zunächst waren es die Erfahrungen von Psychotherapeuten, von Seelenärzten, die auf den Bereich des »vorgeburtlichen Seelenlebens« aufmerksam gemacht haben.

Sie kamen darauf, nachdem Sigmund Freud einen Weg gewiesen hatte, hinter die Vergessensschwelle bewußter Erinnerung zurückzugehen und systematisch frühe Erlebnisse, frühe Gefühlsregungen aufzudecken. In Träumen, aber auch in anderen außergewöhnlichen Bewußtseinszuständen, wie unter dem Einfluß von Drogen, tauchen Bilder und Situationen auf, die den Gedanken nahegelegt haben, daß es sich um »Erinnerungen an den Mutterleib« handelt. Die ersten Aussagen darüber sind vielfach belächelt worden; zumeist wurde eingewendet, daß es wegen der mangelnden Reife der neuralen Bahnen und Strukturen völlig unsinnig sei, solche Annahmen auch nur zu diskutieren. Aber die Art der verwendeten Bilder, physiologische Begleiterscheinungen während der Reproduktion, der Stellenwert im therapeutischen Prozeß und die Beziehung zu Krankheitssymptomen machten es immer wahrscheinlicher, daß es sich in einer Reihe von Fällen eben doch um »Erinnerungen« an eine derart frühe Zeit handelt.

Wie in diesem Buch dargestellt wird, wurden schließlich doch von Neurologie und Physiologie ebenso wie zuvor schon von der Anatomie Entdeckungen gemacht, welche es erlauben, die Erfahrungen der Psychotherapeuten in neuem Licht zu sehen und neu zu bewerten.

Höchstwahrscheinlich ist es so, daß die Grundstruktur des Erlebens, insbesondere auch die grundlegenden Gefühle vorgeburtlich und während der Geburt erworben werden. Sie werden zwar später teilweise modifiziert und vor allem mit konkreten Einzelheiten der nachgeburtlichen Erfahrung angereichert, aber nur selten verändert. Wenn dem aber so ist, dann kann uns die Erforschung der körperlichen Entwicklung des Kindes auch den Weg weisen, zu verstehen, wie sich Erfahrung bilden kann.

Dazu ein Beispiel, das überdies illustriert, wie diese neuen Erkenntnisse nur in Zusammenarbeit zwischen Fachleuten der verschiedenen Richtungen in ihrer Bedeutung erkannt werden können: Vor seinen Modellen im Institut für Anatomie der Universität Göttingen stehend, erläuterte mir der Embryologe Professor Erich Blechschmidt, wie das Gehörorgan entsteht. Die Schnecke im Innenohr wächst als häutiger Sack, der sich im Flüssigkeitsstrom rhythmisch bewegt, einem Windsack vergleichbar. Offenbar bilden sich die Sinneszellen in dieser Situation und entfalten ihre Funktion unter rhythmischer Bewegung. Zunehmend gewinnt dieses Gebilde Struktur, und es entsteht unser Hörorgan. Bedenkt man überdies, daß »die Funktion (›Erfahrung‹) sowohl am neuralen Reifungspro-

zeß wie an der Entwicklung des Verhaltens in frühen Stadien beteiligt ist« (Gottlieb), so wird die ganze Tragweite einer möglichst ungestörten Entwicklung in dieser frühen Phase deutlich: »Hören – Urphänomen der Weltbegegnung« (Simon) und damit Musikalität und Sprache erfährt seine Grundlegung in diesem nur in seiner psychophysischen Ganzheit zu begreifenden Akt. Aus diesem Ansatz wiederum lassen sich elementare Konzepte für die Musikwissenschaft, aber auch für Musiktherapie ableiten.

Die wissenschaftliche Diskussion derartiger Fragen steht derzeit immer noch am Anfang und ist in den einzelnen daran beteiligten Disziplinen randständig. Dennoch zeichnen sich bereits einige faszinierende Perspektiven ab. Vieles davon wird in diesem Buch dargestellt und wird nicht nur für Ärzte, Psychologen und Hebammen, sondern auch für werdende Eltern interessant sein. Gerade sie sollten aber bedenken, daß Wissenschaft, auch wenn sie lebendig und beeindruckend dargestellt wird, der Einmaligkeit dieses Geschehens und der besonderen Situation jeder Mutter und jedes Vaters nicht gerecht werden kann.

Deshalb sind im Zusammenhang mit der Verbreitung der Erkenntnisse einer Psychologie der vorgeburtlichen Lebenszeit auch einige Mißverständnisse entstanden. Dafür ein Beispiel: Die wissenschaftlich begründete Aussage, daß ein Zusammenhang zwischen Problemen, die Schwangerschaft und/oder das Kind zu akzeptieren einerseits und Komplikationen bei Schwangerschaft und Geburt anderseits besteht, ist ein wichtiger Hinweis darauf, wo weitere Forschungen ansetzen müssen, wenn man solche Komplikationen vermeiden will. Sie muß deshalb unter Fachleuten auch in allen Einzelheiten diskutiert werden. Leider gelangen einzelne Aussagen solcher Diskussionen vorschnell an die Öffentlichkeit und führen dann dazu, daß sich viele Mütter Sorgen machen, ob ihre – übrigens völlig normalen – Gefühlsschwankungen gegenüber dem Kind nicht dem Baby schaden könnten. Und natürlich können solche erfahrungswissenschaftliche Diskussionen nicht eine unmittelbare Grundlage für Werturteile bilden.

All dies ändert nichts daran, daß der Mutterleib die erste Umwelt des Kindes ist und daß es natürlich auch oder besser gerade dort schweren Umweltschäden durch Nikotin, Alkohol oder Medikamente ausgesetzt sein kann. Ebenso natürlich ist es, daß jedes Elternpaar von der engen Beziehung wissen sollte, die zwischen Mutter und Kind schon vor der Geburt besteht. Ebenso sollten die Eltern aber auch wissen, daß diese Beziehung einmalig und einzigartig und übrigens auch bei jedem Kind anders ist.

Was immer auf den folgenden Seiten mitgeteilt wird, es können dies nur Skizzen sein; zugleich aber sind es Anregungen, eigene Erfahrungen zu machen, eventuell gemeinsam mit dem Kind und mit den durch das Kind angesprochenen, zumeist unbekannten Seiten der Eltern. Ist doch die Wahrnehmungswelt zu Beginn des Lebens dadurch charakterisiert, daß schon beim Säugling und Neugeborenen, erst recht aber beim ungeborenen Kind andere Strukturen für die Organisation der Erfahrung eingesetzt werden. Sie sind dadurch gekennzeichnet, daß eine ganzheitliche Auffassung überwiegt, daß die Nahsinne (Hautsinne, Schmecken, Riechen) gegenüber den Fernsinnen (Sehen, Hören) bevorzugt werden und emotionale Bewertungen höchst bedeutsam sind. Das ist eine Chance für Erwachsene, sich mitfühlend, empathisch in diese Welt hineinnehmen zu lassen und so ganz neue Erfahrungen zu machen, Erfahrungen mit einem ungewohnten Zwiegespräch, einem »vorsprachlichen« Dialog.

Dazu ein letzter Gedanke: Die Beschäftigung mit einer Psychologie der vorgeburtlichen Zeit führt, wenn man konsequent weiterdenkt, dazu, daß Beratung und Betreuung der Mutter während der Schwangerschaft auch unter dem Aspekt des ungeborenen Kindes gesehen werden. Darüber hinaus hat die Psychologie der pränatalen Zeit auch einen sozialpsychologi-schen Aspekt bekommen, daß nämlich die Stellung, die ein Mensch vor seiner Geburt im Bewußtsein seiner Mitmenschen einnimmt, dessen Entwicklung konkret mitbestimmt. Jedermann weiß, daß es in dieser Frage nicht zum Besten steht, daß ungenügendes Wissen, aber auch Voreingenommenheit und affektive Abwehr ein Klima geschaffen haben, das für werdende Mütter als zusätzliche Belastung spürbar wird; während doch Schutz und Hilfe zur optimalen Entwicklung des Kindes beitragen sollten.

Dennoch ist Grund zu Optimismus: Es ist erst etwa zehn Jahre her, daß in etwas größerem Kreise mit wissenschaftlichem Ernst von den konkreten Fragen einer Psychologie der pränatalen Zeit gesprochen werden kann. Und es bestehen berechtigte Hoffnungen, daß durch die Mitwirkung der Eltern, Ärzte und Hebammen, durch konkrete Berücksichtigung des neuen Wissens die Situation am Beginn des Lebens für die Kinder der nächsten Generationen entscheidend verbessert werden kann. Meine persönliche Erwartung ist, daß dadurch auch bestimmte psychische Erkrankungen merklich seltener auftreten werden.

Dr. Inge Flehmig, Entwicklungsneurologin in Hamburg

Wann beginnt das Leben? Das Geschöpf, das mit der Geburt das Licht der Welt erblickt, hat bereits monatelang im Mutterleib existiert und sein Vorhandensein miterlebt. Ohne die prägenden Erlebnisse dieser Zeit und ohne seine zweckgerichteten Reaktionen könnte das Neugeborene den Tag seiner Geburt nicht überstehen. Es wäre nicht ausreichend auf die Anforderungen des Lebens vorbereitet.

Was geschieht in den neun Monaten, die zwischen Empfängnis und Entbindung liegen, mit dem noch Ungeborenen? Setzt man sich eingehend mit der kindlichen Entwicklung auseinander und sieht in einem geordneten Ablauf dieser Entwicklung mit guter Berechtigung den Schlüssel für späteres Verhalten und Handeln des Erwachsenen und damit letzten Endes auch der Menschheit, stößt man unvermeidlich auf diese Frage nach dem »Leben vor dem Leben«.

Der Geburtsvorgang stellt innerhalb einer Entwicklung, die mit der Vereinigung einer männlichen und einer weiblichen Keimzelle eingeleitet wurde, nur ein mehr oder minder kurzes Durchgangsstadium dar. Jahrtausendelang lag dieser wichtigste Abschnitt der Kindesentwicklung im »Schoß der Mutter« verborgen.

Erst im vergangenen Jahrhundert und vorwiegend in den letzten Jahrzehnten brachte eine zunehmende Verbesserung technisch-diagnostischer Methoden umfassendere Einblicke in den Ablauf des intrauterinen, also innerhalb des Mutterleibes stattfindenden Geschehens.

Dabei stellte sich heraus, daß fundamentale Prozesse, die das gesamte spätere Dasein und die Persönlichkeit des entstehenden Individuums entscheidend beeinflussen können, bereits »in utero« eingeleitet werden und ihre biologischen Funktionen aufnehmen. Manche schon zu einem Zeitpunkt, in dem die Mutter sich eben erst der bestehenden Schwangerschaft bewußt geworden ist.

Sinnesrezeptoren für den Haut-, Berührungs- oder Tastsinn, die Schwerkraftempfindung und die Eigenwahrnehmung des Föten registrieren bereits im ersten Schwangerschaftsviertel die einwirkenden Sinnesreize und leiten sie dem sich ausdifferenzierenden Gehirn zu. Das Gehirn bedarf dieser Informationen nicht nur, um dem Föten Kenntnis über seine Stellung im umgebenden Raum und über Einwirkungen aus seiner Umwelt zu vermitteln. Es benötigt darüber hinaus laufende Stimulation, um sich als funktionstüchtiges Steuerorgan für alle künftigen Lebensvorgänge entwickeln zu können.

Die jeden Menschen, den seine Herkunft interessiert, faszinierenden Details der in perfekter Weise aufeinander abgestimmten Zusammenhänge werden in wissenschaftlichen Abhandlungen oder Tagungen zumeist in einer die Öffentlichkeit nicht erreichenden Fachsprache geschildert und diskutiert.

Als entwicklungsneurologisch tätige Kinderärztin habe ich vorwiegend mit behinderten, entwicklungsverzögerten oder lern- und verhaltensgestörten Kindern zu tun. Zahlreiche sich anbahnende oder bereits bestehende, falsch ablaufende Entwicklungsprozesse könnten günstig beeinflußt werden, wenn den Beteiligten – Kind und Familie – die Zusammenhänge gegenwärtig wären. Um sie Eltern und nichtmedizinischen Berufsgruppen, die sich mit der Kindesentwicklung befassen, nahezubringen, bedarf es einer anschaulichen, allgemein verständlichen Ausdrucksweise.

Katharina Zimmer hat in ihrem Buch über das Leben vor dem Leben diese Sprache gefunden. Durch eingehendes Studium letzter Forschungsergebnisse und umfassende Gespräche mit Fachgelehrten aller Disziplinen, die sich mit Kindesentwicklung auseinandersetzen, hat sie sich mit vielen Details vertraut gemacht und sie in einer Weise darzustellen vermocht, die dem Laien eindrucksvolle Tatsachen vermitteln.

Wichtig erscheinen mir auch die Hinweise auf Gefahren, die das werdende Leben in utero von

Anfang an in vielfältiger Weise beeinträchtigen oder auch zerstören können. Immerhin gehen sechzig Prozent der befruchteten Keime auf ihrem Weg zur Einnistung in die Gebärmutter zugrunde. Von den zu weiterer Entwicklung gelangenden sind viele durch innere und äußere Umweltgifte unterschiedlichster Art bedroht. Zahlreiche, oft erst später sichtbar werdende Störungen der kindlichen Entwicklung können von hier ihren Ausgang nehmen.

Der mit der Materie nicht unmittelbar befaßte Arzt und Psychologe, aber auch Pädagogen und Eltern mit Problemkindern werden aus der übersichtlich gegliederten Zusammenfassung neuester Ergebnisse der Schwangerschaftsforschung Nutzen und aktuelle Information ziehen können.

Für meine eigene Arbeit am entwicklungsgestörten Kind dürfte dieses Buch eine wertvolle Hilfe sein. Es informiert Eltern und Therapeuten in leicht faßlicher Form über vorgeburtliche Einflüsse auf die künftige Entwicklung des Kindes. Dadurch wird ihnen manche erforderliche Maßnahme verständlicher erscheinen und ihr Handeln am Kind erleichtern.

Professor Dr. Rainer Hoehne, Facharzt für Sozialpädiatrie und Kinderneurologie

Wer zum ersten Mal von einem der jüngsten Wissenschaftszweige, der pränatalen Psychologie, hört, wird sich vielleicht darunter nicht viel vorstellen können oder er wird sich sogar indigniert mit dem unwilligen Ausruf abwenden, was die Psychologen sich da wohl wieder ausgedacht haben. Gelingt es jedoch, die Neugierde zu wecken, wie dies auf beispielhafte Weise durch das Buch von Katharina Zimmer geschieht, entstehen schnell einleuchtende Gedankenverbindungen.

Besonders groß ist die Nähe der pränatalen Psychologie zu allen Fachgebieten, die sich mit der kindlichen Entwicklung und ihren Abweichungen befassen. Im Zuge interdisziplinärer Zusammenarbeit gewinnt nämlich in letzter Zeit die Auffassung immer mehr Raum, daß sich körperliche, geistige und seelische Vorgänge im Kind nicht mehr gesondert betrachten lassen.

Kaum ein Begriff wird im Zusammenhang mit dem Kind stärker strapaziert als der der Seele. Dieser wenig greifbar schillernde Ausdruck wird oft auf sentimentale und zugleich recht geschäftstüchtige Weise ausgenutzt – z. B. »das leibliche und seelische Wohl des Kindes« oder »die empfindliche Seele des Kindes« –, um den Interessen der Erwachsenen zu dienen.

In dem vorliegenden Buch führt Katharina Zimmer neueste Ergebnisse aus den Forschungsgebieten vor, die sich mit dem Leben und den Entwicklungsbedingungen des ungeborenen Kindes befassen. Besonderen Wert legt sie dabei auf die gutbegründeten Befunde, die vom Beginn der Entwicklung an untrennbare Wechselbeziehungen zwischen körperlichen und im Gehirn sich abspielenden Vorgängen und Entwicklungsschritten beschreiben. Indem sie früheste Wahrnehmungsleistungen und motorische Erscheinungen in ihrer gegenseitigen Beziehung als erste seelische Vorgänge definiert und damit eine erweiterte Fassung des Begriffes Psyche einführt – vergleichbar dem auswärtigen Sprachgebrauch, besonders im angloamerikanischen, wo psychische Vorgänge geistige und seelische meinen –, entkleidet sie den befrachteten Begriff des Seelischen zunächst einmal seiner metaphysischen Inhalte.

Bereits diese ersten seelischen Funktionszusammenhänge sind störbar oder sogar verletzbar. So konnten durch fortlaufende Ultraschalluntersuchungen über längere Zeiträume anhand der Bewegungsabläufe des Föten Eindrücke über sein Wohlbefinden gewonnen werden. Ebenso konnte der Einfluß störender oder schädigender Umweltfaktoren deutlich abgelesen werden. Eindrucksvoll in diesem Zusammenhang ist eine Beobachtung von A. Ianniruberto und E. Tajani aus Terlizzi, Provinz Bari, Süditalien:

»Während des jüngsten Erdbebens in Süditalien erschütterten am 23. November 1980 schwere Erdstöße die Gegend um die Geburtshilfliche Klinik von Terlizzi. Wir untersuchten 28 von Panik ergriffene schwangere Frauen (18.– 36. Woche nach der Befruchtung), die keine organischen Verletzungen erlitten hatten, mit Ultraschall. Alle Föten zeigten eine intensive Hyperkinesie (vermehrte Bewegungen), die zwischen zwei und acht Stunden anhielt. Bei 20 Fällen folgte eine Periode verminderter Beweglichkeit zwischen 24 und 72 Stunden Dauer; die übrigen acht Föten erholten sich sofort.«

In der weiteren vorgeburtlichen Entwicklung werden die gegenseitigen Abhängigkeiten von Körper und Zentralnervensystem immer vielfältiger, die Funktionen des Gehirns selbst immer differenzierter, so daß eine isolierte Betrachtung einzelner Funktionen oder Regionen immer weniger gelingt. Damit wird nicht nur die von Philosophen und Naturwissenschaftlern immer wieder gestellte Frage nach dem Sitz der Seele zu einer irreführenden Frage, da sie sich überall im Körper darstellt, sondern auch der bald leidige Streit um den Vorrang genetischer oder umweltbedingter Einflüsse auf Werden und Sein des Menschen wird hier auf salomonische Weise entschieden: Beide Einflüsse sind für menschliches Leben in vollem Maße, also zu 100 Prozent erforderlich, der genetisch programmierte menschliche Keim braucht von Anfang an die menschliche Umwelt zu seiner Entwicklung!

Die Autorin schildert die z. T. sehr komplizierten Vorgänge anschaulich und oft regelrecht spannend. Mit der sozusagen zum Ursprung erweiterten Sicht des Kindes tritt sie gleichzeitig engagiert für den Schutz und die Sicherheit des so früh der Umwelt ausgesetzten ungeborenen Kindes ein. Sie vertritt damit bewußt einen Wissenschaftsansatz, der wertend Stellung bezieht. Dies erscheint mir außerordentlich wichtig, da wir in unserer jüngsten Geschichte ja nicht nur schon einmal eine »Medizin ohne Menschlichkeit« (Mitscherlich) erlebt haben, sondern auch andere *neutrale* Forschungsgebiete wie die Kernspaltung, die Mikroelektronik und die Gentechnologie nicht wertfrei geblieben sind und damit leicht einer mißbräuchlichen Auslegung zugänglich werden.

Ich begrüße somit besonders diese zusammenfassende Darlegung der jüngsten Erkenntnisse über das vorgeburtliche menschliche Leben und Erleben. Sie sollte nicht nur von werdenden Eltern, Geburtshelfern und Kinderärzten gelesen werden, sondern von allen, denen Kinder am Herzen liegen.

Wann beginnt der Mensch, Mensch zu sein? Hat das Ungeborene eine Seele? Wann entwickelt sie sich? Fragen, die Eltern, aber auch Philosophen und Theologen seit jeher beschäftigen. Erst in jüngster Zeit bringen wissenschaftliche Untersuchungen über die Entwicklung des Kindes im Mutterleib Licht auch in die frühesten Phasen des Lebens. Wir bekommen überraschende Anworten über die Tage, in denen aus dem befruchteten Ei ein Keim und später ein Embryo wird. Am Ende dieser ersten Wochen ist das werdende Kind zwar noch winzig klein, verfügt aber in der Anlage schon über alle Organsysteme, einschließlich Herz und Hirn. Wie und wann beginnen diese Systeme zu funktionieren? Kann der kleine Embryo etwas wahrnehmen, gibt es bereits in den ersten Wochen ein »Erleben«?

Es war Glanz, es war Gewühl, es war da unten. Dies muß sehr früh gewesen sein, denn mir ist, als liege eine hohe weite Finsternis des Nichts um das Ding herum.« In einem nachgelassenen Blatt beschreibt Adalbert Stifter etwas, das die Situation des Kindes im Mutterleib sein kann. Er schildert die Erfahrung noch genauer, hält »Merkmale« fest: Von Klängen, von Hin- und Wiederschwimmen, von roter Dämmerung ist die Rede. »Weit zurück in dem leeren Nichts ist etwas wie Wonne und Entzücken, dem nichts mehr in meinem künftigen Leben glich.«

Die Erfahrung des »Dinges« könnte auch anders sein: in der Finsternis herumgeschleudert werden, Hitze ertragen, Lärm, heftiges beklemmendes Pulsieren, Übelkeit, Durst, Verdursten, Dahinsiechen.

Der Mutterleib, ist er ein Ort der Geborgenheit, das Paradies, in das unglückliche Menschen sich ihr Leben lang zurücksehnen? Ist er nicht auch ein Ort der Beklemmung, der Angst, der Vergiftung, der Vertreibung, des Todes? Eine Hölle.

Es ist noch nicht lange her, da glaubte man, das ungeborene Kind sei den ausgedehntesten Teil seiner Zeit im Mutterleib ein unempfindsames, dumpfes, primitiv vegetierendes Etwas. Ein Zellklumpen – denken heute noch viele Frauen und meinen damit den Embryo in den ersten zwölf Wochen. Man sieht es nicht, man spürt es nicht, das verborgene Leben, das Kind. Die Mutter fühlt es zum ersten Mal etwa drei Monate, nachdem es sich bewegt. Lange bevor so Notiz von ihm genommen wird, ist es jedoch ungeachtet seiner Winzigkeit ein hochdifferenziertes Wesen, mit keinem Tier vergleichbar, unverwechselbar menschlich. Wenn seine Länge etwa zwei Millimeter erreicht hat, funktioniert bereits sein Gehirn als eine Art Gestaltungsapparat, und wenn es 3,4 Millimeter »groß« ist, das heißt, etwa 24 Tage alt, dann sind, dem Embryologen Erich Blechschmidt zufolge, alle seine Organsysteme »mit denen des Erwachsenen vergleichbar: die Haut wie auch die Anlage des Zentralnervensystems und des peripheren Nervensystems, Herz, Leber, Lungenanlage, Darm und Genitaltrakt«.[2]

Die Kenntnisse, die die Wissenschaft im Lauf des letzten Jahrzehnts gewonnen hat, zwingen uns, unsere Vorstellungen vom ungeborenen Kind gründlich zu revidieren. Am spektakulärsten sind die neuerworbenen Erkenntnisse sicher auf dem Gebiet der Entwicklung des Zentralner-

Die allerfrüheste Entwicklung vollzieht sich besonders schnell. Dabei gehen Wachstum und Differenzierung Hand in Hand. Auch ein weniges Millimeter großer Embryo ist schon ein hochdifferenziertes Wesen, kein Zellklumpen.

Noch im 17. Jahrhundert glaubten Wissenschaftler, daß die männlichen Samenzellen kleine menschliche Wesen enthielten.

vensystems und damit des Gehirns – seiner Strukturbildung und der Bedeutung von Hormonen und den sogenannten Neurotransmittern für seine Funktionen. Und die jüngsten Forschungsergebnisse über die Entwicklung und das Zusammenspiel der verschiedenen Wahrnehmungssysteme ebenso wie über die Entwicklung der Bewegung vermitteln uns ein völlig neues Verständnis nicht nur des Ungeborenen, sondern auch des Kindes in seinen ersten Lebensjahren. Darüber hinaus haben sich in den letzten Jahren ganz neue Wissenschaftsgebiete eröffnet, wie die Erforschung des embryonalen und fötalen Verhaltens *(Behavioral embryology)* und die pränatale Psychologie.

Alle diese Forschungsrichtungen beginnen gerade erst, ihr Wissen aufeinander abzustimmen. Aber schon heute geben sie uns ziemlich genau über die Persönlichkeit des ungeborenen Kindes und sein geheimnisvolles Leben im Mutterleib Auskunft.

Seit je beschäftigt Menschen die Frage: Hat der Fötus eine Seele? Oder moderner ausgedrückt: Was »erlebt« und »erfährt« das Kind, bevor es auf die Welt kommt? Und: Wann beginnt es zu erleben? Viele Antworten ergeben sich von selbst, wenn wir seine Entwicklung vom ersten Augenblick an verfolgen.

Das Leben vor dem Leben beginnt, wenn die reife Eizelle mit einer Samenzelle zur Zygote verschmilzt. Von diesem Zeitpunkt an wird hier das Alter des sich entwickelnden Kindes angegeben. Gynäkologen berechnen es anders: Sie gehen von der letzten Menstruation der Mutter als dem Datum aus, das sie am verläßlichsten ermitteln können. Die Dauer einer so errechneten Schwangerschaft ist also etwa 10–14 Tage länger als das wirkliche Alter des Kindes. (Siehe Kasten »Wieviel Zeit vergeht…«, S. 33.)

Der Vorgang der Verschmelzung von Ei und Samenzelle wurde 1944 zum ersten Mal beobachtet. Die Embryologie ist eine verhältnismäßig junge Wissenschaft. Vor der Erfindung des Mikroskops und vor allem des Elektronenmi-

kroskops interessierten sich Wissenschaftler zwar bereits lebhaft für den Beginn der menschlichen Entwicklung im Mutterleib. Da sie jedoch über keine Hilfsmittel zur feineren Betrachtung verfügten, waren sie auf Spekulationen angewiesen. So schloß vor mehr als 2000 Jahren Aristoteles aus seinen Beobachtungen eines Kükenembryos, daß der menschliche Embryo aus einer Beimischung männlicher Samenflüssigkeit zum Menstruationsblut entstehe. Er kam zu der Überzeugung, daß der männliche Samen allerdings nur das Wachstum stimuliere. Die eigentliche Substanz aber, aus der sich das Kind entwickele, kam nach seiner Vorstellung ausschließlich von der Mutter.

Der griechische Arzt Galen gab 500 Jahre später eine andere Erklärung. Seine Theorie des – später – sogenannten *emboîtements* (*emboîtement* = frz. ineinandergreifen, verschachteln) hielt sich wiederum 1500 Jahre, obwohl sie der Realität nicht näher war als die Vermutungen des Aristoteles. Nach Galens Theorie enthielt der »weibliche Samen« kleine fertige Embryonen, denen das männliche Element nur zur Befreiung aus der Verschachtelung und damit zum Wachstum verhelfe: Ein Prinzip wie bei der russischen Holzpuppe, in der viele immer kleinere Puppen stecken.

Erst 1677 hatte der Wissenschaftler Antony van Leeuwenhoek zum ersten Mal mit dem Mikroskop menschliche Spermien beobachtet. Er und seine Kollegen konnten sich aber deren Rolle bei der Befruchtung noch nicht erklären. Nach ihrer Vorstellung enthielten die Samenzellen kleine »menschliche Wesen«. Erst nach 1839 setzte sich die Erkenntnis durch, daß jeder Organismus aus Zellen besteht und daß sich auch der Embryo aus einer einzigen Zelle entwickelt.

Vor wenig mehr als 100 Jahren, 1878, entdeckte man die Träger der Erbinformation, die Chromosomen. Bis 1956 wurde gelehrt, in menschlichen Embryonalzellen gebe es 48 Chromosomen. Erst seit 27 Jahren wissen wir, daß die Embryonalzelle nur 46 Chromosomen enthält,

44 sogenannte Autosomen (das heißt 22 Autosomen-Paare) und zwei Geschlechtschromosomen: zwei X-Chromosomen bei weiblichen, ein X- und ein Y-Chromosom bei männlichen Keimen. Dieser volle Chromosomensatz wird zur Hälfte von der Eizelle, zur anderen Hälfte vom Spermium gebildet. Das heißt, jede dieser beiden Zellen verfügt vor der Verschmelzung zur Zygote über 22 Autosomen und ein Geschlechtschromosom. Jede Abweichung von Zahl oder Form der Chromosomen führt zu einer Anomalie in der Entwicklung des Kindes.

Die Zygote, das heißt die befruchtete Eizelle, beginnt nun ihre Wanderung durch den Eileiter und erreicht am vierten Tag die Uterushöhle. Während dieser Zeit teilt sie sich mehrmals, ein Vorgang, der Furchung genannt wird: Die Entwicklung des Eis zum Kind, die sogenannte Ontogenese hat begonnen.

Lange Zeit glaubte man, dem von Ernst Haekkel 1866 aufgestellten Biogenetischen Grundsetz zufolge, diese Entwicklung wiederhole in verkürzter Form die Evolution, also die Stammesgeschichte der Menschheit.

Ein folgenschwerer Irrtum, auf den hartnäckige Mißverständnisse auch in der heutigen Vorstellung vom ungeborenen Kind zurückgehen. So läßt sich letzten Endes die Volksmeinung vom »Zellklumpen« der ersten Wochen erklären. Noch bis zum Beginn des 19. Jahrhunderts hielt sich nämlich die Meinung, die embryonale Entwicklung vollziehe sich vom Niederen zum Höheren. Die moderne Embryologie und vor allem ihr in Deutschland bekanntester Vertreter, Erich Blechschmidt, widersprechen dieser These ganz entschieden. »Der Mensch wird nicht Mensch«, schreibt Blechschmidt, »sondern ist Mensch und verhält sich schon von Anfang an als ein solcher. Und zwar in jeder Phase seiner Entwicklung von der Befruchtung an.«[3] Er ist also niemals Fisch, Lurch, Maus oder Affe.

Es läuft auch nicht einfach, wie man früher meinte, von innen heraus ein genetisches Programm ab. Vielmehr werden die Erbanlagen

eines menschlichen Keims ständig äußeren Reizen ausgesetzt. Dabei ist durchaus nicht alles, was genetisch programmiert ist, auch benutzbar. Im Laufe der gesamten embryonal-fötalen Entwicklung zwingen Außenreize die Gene zu verschiedenen Reaktionen. Das heißt, ein genetisches Programm wäre ohne äußere Reize – für deren Verarbeitung es schließlich gedacht ist – zum Scheitern verurteilt.

Darum ist es zwar möglich, eine Eizelle im Reagenzglas zu befruchten und einige Wochen am Leben zu erhalten. Jede menschliche Weiterentwicklung aber wäre in der künstlichen Umgebung unmöglich. Das Retortenbaby bleibt nichts als eine (Horror-)Vision, weil sich die komplexe Umwelt des Mutterleibs nicht künstlich herstellen läßt – weder die Bewegungen der Mutter, noch ihr Stoffwechsel, der aufs empfindlichste auf jede Erregung, auf Freude, Schrecken, Müdigkeit oder Wachheit reagiert, noch all die anderen lebendigen Vorgänge, wie die Magen- und Darmbewegungen, noch der auf äußere und innere Signale reagierende Rhythmus des Herzschlags. Alle diese Reize, die das ungeborene Kind aufnimmt, gewinnen im Laufe der Entwicklung an Bedeutung. Sie sind die Informationen, mit denen das genetische Programm ununterbrochen versorgt werden muß, um sich zu entfalten. Jeder anhaltende Mangel oder auch jedes Überangebot an solchen Signalen führt zu Störungen, das heißt im frühesten Stadium zu Fehlentwicklung und damit zum Tod des jungen Keims.

Nach einer natürlichen Befruchtung furcht sich die Zygote auf ihrem holprigen, abwärts zur Gebärmutter führenden Weg in mehrere Tochterzellen. Wenn etwa 16 solcher Zellen, sogenannte Blastomere, entstanden sind, formen sie sich zu einer kompakten Kugel, der »Morula« (von lateinisch Maulbeere).

Jede dieser ersten Zellen trägt noch das gesamte, zur menschlichen Entwicklung notwendige genetische Programm in sich. Sie sind sozusagen allmächtig. Man spricht darum von ihrer Omni-

Der Begriff Retortenbaby hat viel Verwirrung gestiftet. Gemeint ist damit, daß eine Eizelle im Reagenzglas befruchtet und wenige Wochen am Leben erhalten werden kann. Eine neun Monate lange Entwicklung in der Retorte ist nicht möglich, weil der Embryo die Reize aus einer natürlichen Umwelt braucht.

Der Embryo ist am 40. Tag nach der Zeugung 14 Millimeter groß und eingebettet in das zottige »Chorion«, den später nährenden Mutterkuchen. Augen, Arme und Beine sind deutlich zu erkennen. Herz und Kreislauf funktionieren seit 14 Tagen – einem Zeitpunkt, an dem die Mutter noch nichts von ihrer Schwangerschaft weiß. Das Gehirn ist bereits in Bläschen entwickelt. Wie das Schaubild verdeutlicht, ist früher Tastsinn schon ein Hinweis auf erstes Erleben.

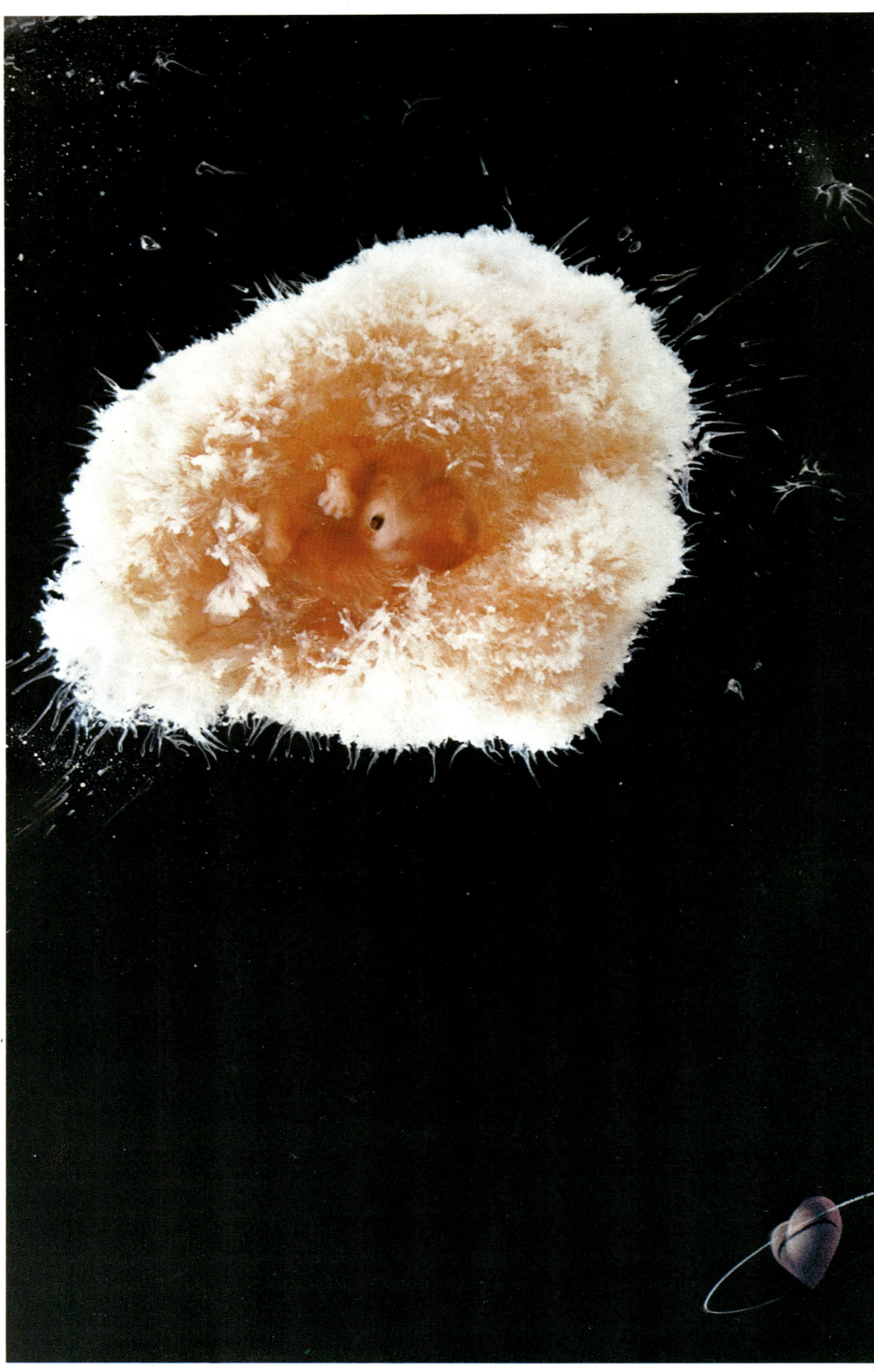

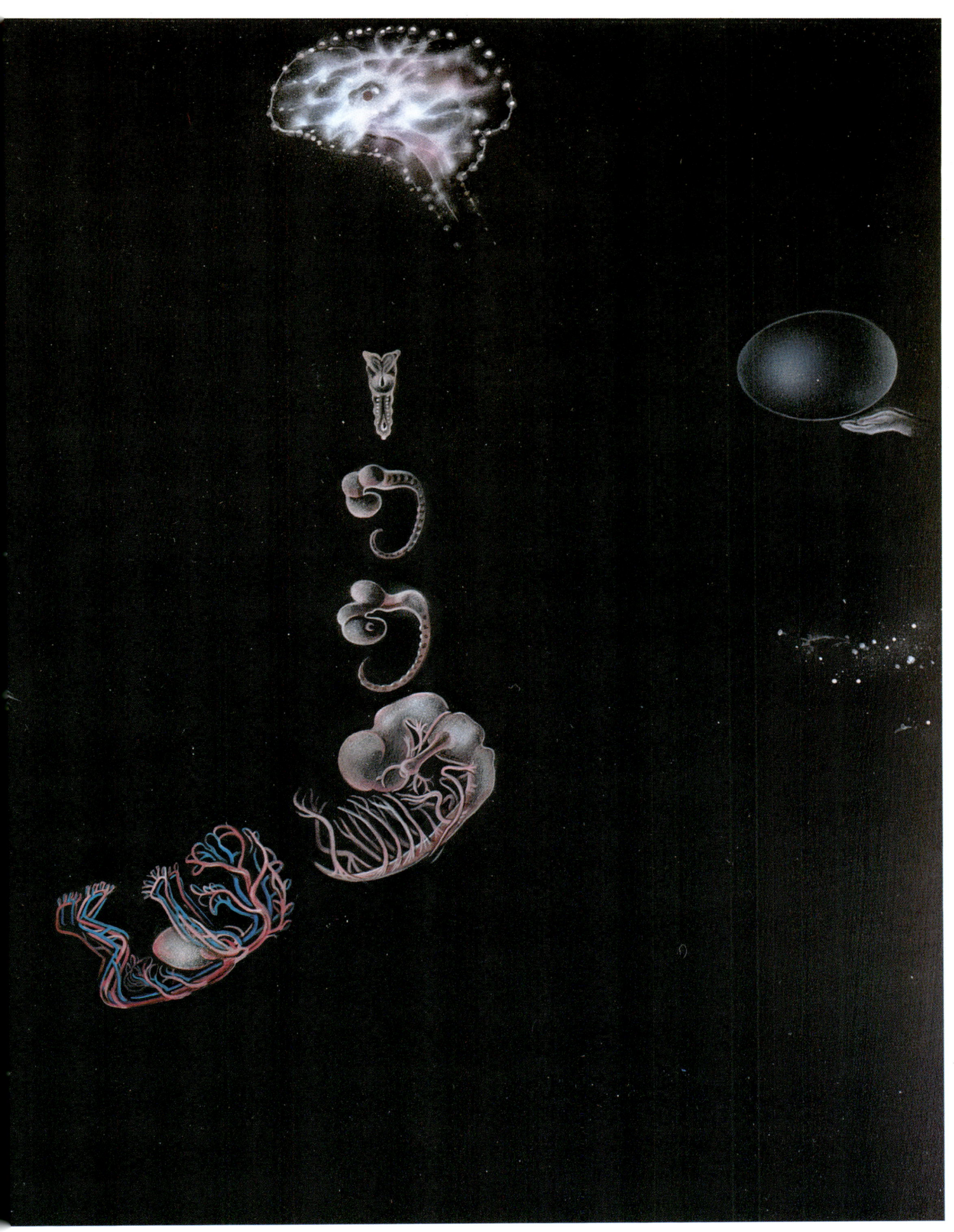

Wenn der wenige Tage alte Keim sich in der Uteruswand eingenistet hat, ist er unmittelbar mit dem mütterlichen Stoffwechsel verbunden. Damit entwickeln sich zwischen ihm und seiner Mutter die ersten Beziehungen.

potenz. Es kommt vor, daß zwei durch besondere Stoffwechselvorgänge voneinander getrennte Blastomere sich zu zwei vollständigen Individuen entwickeln, zu eineiigen Zwillingen, die dann ungewöhnlicherweise jeweils eine Plazenta haben.

Drei Tage hat die Wanderung der Morula durch den Eileiter gedauert. In der Regel liegt sie am vierten Tag frei in der Uterushöhle. Im Laufe dieses Tages grenzen sich innerhalb der maulbeerartigen Kugel zwei Zellhaufen voneinander ab: Aus dem einen, dem »Embryoblast«, wird später der Embryo, aus dem anderen, dem »Trophoblast« (*tropho* = Ernährung), der sich schichtartig um den ersten herumlegt, bildet sich nach einigen Wochen die Plazenta. Das Gesamtgebilde umschließt einen mit Flüssigkeit gefüllten Hohlraum und heißt jetzt Blastozyst.

Am fünften und sechsten Tag beginnt sich der Blastozyst in der für seine Aufnahme vorbereiteten Uterusschleimhaut einzunisten.

Im Rhythmus des Menstruationszyklus erneuert sich das Gewebe der inneren Auskleidung der Gebärmutter immer wieder. Während der Monatsblutung wird es abgestoßen, um sich dann wieder zu einer dicken lockeren Schicht aufzubauen. Diese stark durchblutete Schicht ist es, in die sich der Blastozyst einbettet, in einem etwa fingerhutgroßen Hohlraum, der mit einer zucker- und salzreichen Flüssigkeit dem Keim erste Nahrung bietet.

Während dieser Nidation, die am Ende der zweiten Woche abgeschlossen ist, haben sich die Zellen des Blastozysten bereits spezialisiert, das heißt, sie haben ihre Allmacht verloren und sind dazu bestimmt, einzelne Organe auszubilden.

Auf dem Weg zum Uterus gehen schätzungsweise ein Drittel bis die Hälfte aller Zygoten zugrunde. Verklebte Eileiter, eine nicht intakte Gebärmutterschleimhaut, aber vor allem Chromosomenanomalien können die Ursache für dieses Absterben sein.

Kurz vor dem Ende der ersten Woche steht noch nicht fest, ob aus dem Ei nun ein Kind oder Zwillinge werden. Um diese Zeit etwa kann sich der Embryoblast, jetzt schon die sogenannte Keimscheibe, nämlich noch teilen. Aus jedem Teil würde dann ein Embryo hervorgehen. Diese eineiigen (monozygoten) Zwillinge (oder Drillinge) hätten eine gemeinsame Plazenta, sie wären genetisch identisch und hätten auch das gleiche Geschlecht. Werden zwei Eier befruchtet und nisten sich im Uterus ein, entwickeln sich dizygote, zweieiige Zwillinge, die nicht mehr miteinander gemein haben als »normale« Geschwister.

Der Blastozyst hat also ein »Nest« in der Uteruswand gefunden. Dabei wachsen mütterliches und embryonales Gewebe zusammen. So ist ein direkter Anschluß an den mütterlichen Stoffwechsel hergestellt. Der Keim »saugt« sozusagen das Nährgewebe der Mutter. Blechschmidt sieht darin das erste »Säuglingsverhalten«.[4] Durch diese Stoffwechselverbindung entstehen zwischen Mutter und Kind bereits die ersten, und, wie wir sehen werden, für seine Entwicklung sehr folgenreichen Beziehungen. Der junge Keim beginnt jetzt an allem, was seiner Mutter widerfährt, teilzuhaben. Das um so mehr, als die Verbindung direkt ist: Die sogenannte »Plazentaschranke« wirkt noch nicht als Filter zwischen Umwelt und Kind.

Inzwischen vermehren sich die Zellen des Blastozysten weiter. In ihm entwickelt sich jetzt, am achten Tag, ein kleiner Spalt, die spätere Amnionhöhle, die zur Fruchtblase wird. Gleichzeitig bildet die Keimscheibe (also der spätere Embryo) zwei Schichten heraus: das Ektoderm (*ekto* = außen) und das Entoderm (*ento* = innen). Nach dem 15. Tag schiebt sich zwischen diese beiden Schichten eine dritte, das Mesoderm (*meso* = mittel). Aus diesen drei Keimblättern gehen alle Gewebe und Organe hervor.

Der kleine Embryo ist mittlerweile mitsamt dem Amnion und einem Dottersack von einer zottigen Hülle umschlossen, dem Chorion (siehe Abbildung Seite 30/31). Dieses verschmilzt später mit einer Schicht der Uterusschleimhaut zur Plazenta. Mit diesem Chorion, dessen Zotten mütterliches Blut aufnehmen, ist der Keim durch einen Haftstiel verbunden.

Die dritte Lebenswoche beginnt und mit ihr eine besonders dramatische Entwicklung des Embryos, der eine differenzierte Gestalt annimmt. Im Laufe dieser Tage formt eine zunächst bandartige Zellverdichtung das Neuralrohr, das zukünftige Rückenmark und Gehirn. Es bestimmt die Körperachse, an deren oberen Ende sich bald eine Verdickung hervorhebt. In diesem Bereich findet ein besonders lebhafter Stoffwechsel und eine ebenso lebhafte Zellvermehrung statt, die bereits darauf hindeuten, wie wichtig die Ausgestaltung des Gehirns für das weitere Wachstum wird.

Ebenso wie die Entwicklung des Gehirns folgt das Wachstum des gesamten Körpers einem komplizierten Organisationsplan der Zellvermehrung. Durch bestimmte biochemische Vorgänge beeinflussen sich die Zellen, auch ganze Zellgruppen, gegenseitig in ihrem Wachstum und erfüllen wechselseitig Anforderungen, so wie sich im weiteren Verlauf auch jedes Organ in Beziehung zu den anderen entwickelt. Alle späteren Leistungen werden dabei durch Wachstumsfunktionen eingeleitet. Funktionen sind also nicht nur das Endziel jeglicher Entwicklung, sondern auch ihr Antrieb während des Wachstums und der Gestaltbildung. Mit anderen Worten: Zu Anbeginn jeden Wachstums sind auch schon Funktionen da. Alles, was wächst, »arbeitet« bereits. Dieses frühe Arbeiten während der ersten Entwicklungsphasen ist Voraussetzung für das, was ein Organ später an höheren Leistungen vollbringen wird.

Zwischen dem 13. und 15. Lebenstag zeigen sich die ersten Blutgefäße. Und schon wenige Tage darauf geschieht ein ebenso winziges wie unermeßliches Wunder. In der Brust des etwa 1,7 Millimeter großen Embryos verschmelzen zwei Schläuche miteinander zur Herzanlage, die sehr bald, noch vor dem 21. Tag, ihre Arbeit aufnimmt. Das erste funktionierende Organsystem des Embryos ist da: der Kreislauf mit dem pulsierenden Herzen. Es ist auch etwa der Zeitpunkt, an dem die bisher noch vollkommen ahnungslose Mutter nach Ausbleiben der Regelblutung untersuchen läßt, ob sie schwanger ist.

Zwischen dem 20. und dem 25. Tag gliedert sich das Herz durch Ausweitungen und Einschnürungen in vier Kammern, so daß es in der fünften Woche schon beginnt, die typische Form des erwachsenen Organs anzunehmen. Frisches sauerstoffreiches Blut erhält der Embryo über die Nabelstrangvene (Umbilikalvene) aus dem Chorion (dem embryonalen Teil der späteren Plazenta) und von der dritten Woche an zusätzlich aus dem Dottersack. In ihm bilden sich neue Blutzellen, bis in der fünften Woche die Leber die Blutbildung übernimmt. Das Herz pumpt das Blut durch den Körper, so daß Sauerstoff in alle Bereiche gelangt. Besonders viel davon braucht das sich stark entwickelnde Gehirn, in dem eine rasche Zellteilung und -wanderung vor sich geht. Das sauerstoffarme verbrauchte Blut fließt über die Nabelstrangarterie zum Chorion zurück, wo es erneut aufgefrischt wird. Während der gesamten Zeit im Mutterleib arbeitet der kindliche Kreislauf nach diesem Schema (wobei später die Plazenta die Funktion des embryonalen Chorion übernimmt). Bei der Geburt, der Durchtrennung des Nabelstrangs, kehrt sich einiges sozusagen um. Arterien führen jetzt frisches Blut aus Herz und Lunge in alle Bereiche des Körpers.

Das Herz ist von Anfang an außerordentlich kräftig. Bei einem 28 Tage alten, mit einer Blutung abgegangenen Embryo schlug es noch fünf Stunden lang, berichtete mir der leitende Frauenarzt eines Kreiskrankenhauses. Diese so früh schon zuverlässige Leistung des Herzens ist wichtig, denn ohne den Zustrom frischen Blutes könnte sich das Zentralnervensystem und damit das Gehirn nicht entwickeln. Herz und Hirn haben also zu Beginn des menschlichen Lebens bereits einen eindeutigen Vorrang. Die Einheit, die sie bilden, macht sozusagen die frühe Persön-

Die besonders rasche Zellvermehrung im Bereich des Gehirns deutet schon früh auf die hervorragende Bedeutung dieses Organs hin. Es »arbeitet« von Anfang an und steuert zunächst Wachstum und Gestaltbildung des Embryos. Die höheren, späteren Funktionen des Gehirns bauen auf diesen ersten Leistungen auf.

Seelische Prozesse finden ihren Niederschlag im Stoffwechsel. Dabei werden je nach Seelenlage Hormone ausgeschüttet und über den Kreislauf transportiert. Sie lösen mit Hilfe besonderer Substanzen, die elektrische Verbindungen zwischen Nervenzellen im Gehirn herstellen, Aktionen und Reaktionen aus: das heißt zum Beispiel Bewegungen, einen schnelleren Herzschlag, einen Schweißausbruch.

lichkeit aus. Die Trennung von Soma (Körper) und Seele ist keine »Erfindung« der Natur, sie geht vielmehr auf ein dualistisches Denkmodell zurück, wie es der französische Philosoph René Descartes entwickelte. So schwer es die moderne Medizin hat (zum Beispiel die Psychosomatik), mit dieser in der neuzeitlichen Naturwissenschaft fortwirkenden cartesianischen Vorstellung aufzuräumen, so schwer fällt es uns, die Frage nach der Seele und ihrer Entstehung, nach ihrem Beginn, *nicht* unabhängig vom Körper zu stellen oder schwerer noch, endlich die grundsätzliche Körper-Seele-Einheit anzuerkennen.

Wir wissen heute, daß seelische Prozesse, Freude, Angst, Sorge, Streß, Beruhigung oder Erregung ihren Niederschlag im Stoffwechsel finden. Hormone wie Adrenalin, Noradrenalin und Serotonin werden über das Blut, also den Kreislauf, transportiert. Sie lösen unter Einschaltung von sogenannten Neurotransmittern (Substanzen, die elektrische Verbindungen zwischen Nervenzellen im Gehirn herstellen) Aktionen und Reaktionen im Gehirn aus, die wiederum das gesamte »Körperverhalten« beeinflussen – also Bewegungsabläufe, Herz- und Atemrhythmus, Schweißabsonderung.

Diese Herz-Hirn-Einheit besteht schon in den ersten Wochen menschlichen Lebens. Zu Anfang handelt es sich darüber hinaus allerdings noch um eine Einheit mit dem mütterlichen Organismus. Im Zuge des Wachstums der ersten Wochen entwickeln sich Kreislaufsystem und Gehirn nicht gleichmäßig und gleichzeitig, sondern sozusagen im Wechselspiel.

Das Gehirn bildet sich im Laufe der vierten Woche in Bläschen aus: dem Vorder-, Mittel- und Rautenhirn. In der fünften Woche differenziert es sich weiter und wächst so stark, daß das Gesicht die Brustwand vor dem Herzen berührt. Der Embryo hat jetzt eine C-förmige Gestalt. Magen, Leber und Bauchspeicheldrüse entwickeln sich, ebenso das Darmrohr. Um den 26. Tag entsteht als Knospe am Vorderdarm die erste Anlage der Lunge.

Erste Teilung der Eizelle im Eileiter

Vier-Zell-Stadium

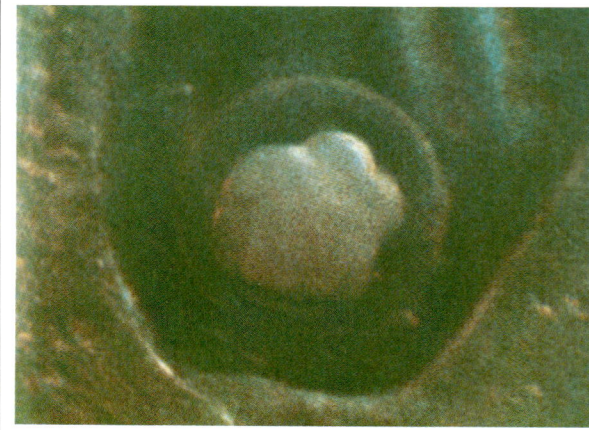
Acht-Zell-Stadium

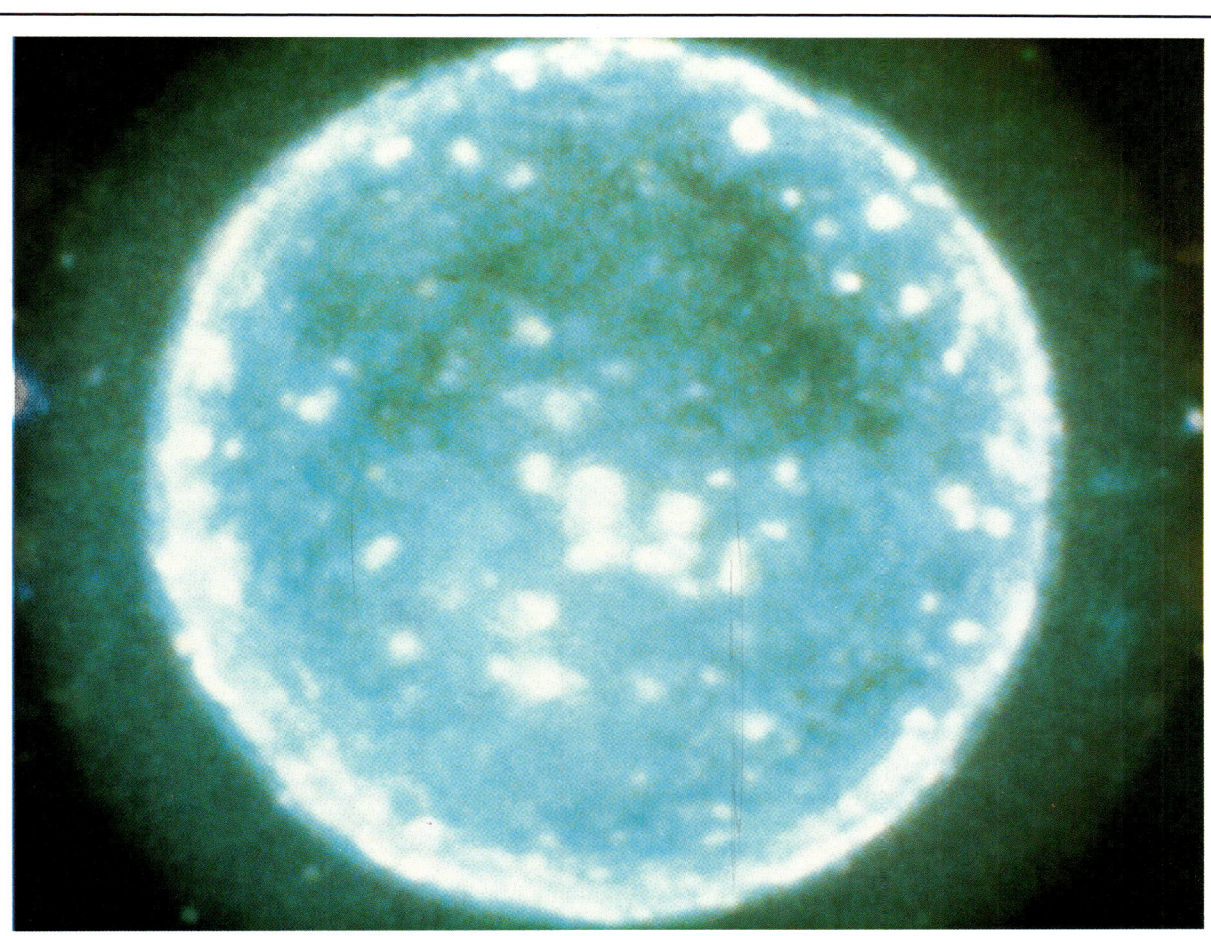

Der sogenannte Blastozyst besteht bereits aus vielen Zellen

Auf der einige Tage dauernden Wanderung des befruchteten Eis durch die Eileiter, die sogenannten Tuben, sterben viele Keime ab. Die Frau weiß dann gar nicht, daß sie schwanger war.

Die ersten Zellen sind allmächtig

Nach der Verschmelzung mit einer Samenzelle furcht sich die befruchtete Eizelle (die Zygote), bis sie sich in zwei Zellen geteilt hat. Dieser (hier im Foto festgehaltene) Vorgang findet ebenso wie weitere Teilungen im Eileiter statt, durch den das Ei in den Uterus wandert. Drei Tage dauert diese Wanderung in der Regel. Am fünften und sechsten Tag beginnt sich die Zellkugel (der Blastozyst) in der für ihre Aufnahme vorbereiteten Schleimhaut des Uterus einzunisten. Dabei wachsen mütterliches und embryonales Gewebe zusammen. Es entsteht ein direkter

Anschluß an den mütterlichen Stoffwechsel. Lange bevor die Frau ahnt, daß sie schwanger ist, entwickeln sich so bereits die ersten Beziehungen zwischen dem Embryo und der Mutter. Bis zu diesem Zeitpunkt trägt noch jede der einzelnen Zellen das gesamte, zur menschlichen Entwicklung notwendige genetische Programm in sich. Sie sind sozusagen allmächtig. Im Laufe der folgenden Tage verlieren sie diese »Omnipotenz« und spezialisieren sich, das heißt, sie sind dann dazu bestimmt, einzelne Organe auszubilden.

In den frühen Wachstumsbewegungen des Embryos, Beugen und Strecken des ganzen Körpers, Greifen, sieht der Embryologe Erich Blechschmidt Vorübungen für spätere Bewegungsabläufe.

Das Wunder dieser frühen Entwicklung wird für den Laien am augenfälligsten, wenn er das Wachstum von Hand und Arm betrachtet (siehe Abbildungen). Ähnlich wie beim Herzen vollzieht sich alles in kaum vorstellbarer Schnelligkeit: Um den 28. Tag werden die Armknospen sichtbar, die sich an ihrem vorderen Ende bereits drei Tage später flossenähnlich verbreitern. Nach weiteren zwei Tagen sind sie länger geworden, Handplatten haben sich gebildet und schon ganz deutlich die Anlagen von Hand und Arm. Bis zum 41. Tag sind »Fingerstrahlen« entstanden, die knorpeligen Anlagen von Elle, Speiche und Oberarmknochen sind vollständig da. Die ganze Entwicklung unseres so differenzierten Greifsystems, das in enger Verbindung mit dem »Be-greifen«, also mit dem Intellekt und der Sprache steht, hat ganze 14 Tage gedauert.

Im Lauf der Zeit knicken die Arme in der Achsel und der Ellenbeuge nach innen, die Hände nähern sich einander immer mehr und gelangen wie zufällig zum Mund, dem ersten Tastorgan. (Später kommt es vor, daß der Daumen in den Mund gleitet und das Kind lutscht.) Der Embryo ähnelt in seiner Körperhaltung einem Trompeter. Die Beine entwickeln sich nach dem gleichen Schema, nur etwas später. Erich Blechschmidt sieht in den deutlichen Wachstumsbewegungen der Hand eine Vorstufe zum Greifen – er spricht von »Wachstumsgreifen«: »Was nicht schon in der Frühentwicklung unbewußt vom Körper eingeübt wurde, kann auch später – weder bewußt noch instinktiv – ausgeübt werden.«[5] Anders ausgedrückt: Das Einknicken der Arme und Hände an den späteren Gelenken nimmt zukünftige Bewegungsabläufe vorweg. Andere Wachstumsbewegungen, Beugen und Strecken des ganzen Körpers kommen hinzu. Der Kopf kann schon ein wenig gedreht werden: erstes embryonales Verhalten.

Schon 1777 vermutet der Autor eines ungarischen Handbuchs für Hebammen, daß erste zarte Bewegungen des Embryos viel früher da sind, als sie von der Mutter wahrgenommen werden: »Die meisten Hebammen vertreten die Überzeugung«, heißt es da, »daß der Embryo erst dann ein Lebewesen zu sein beginnt, wenn er sich zum ersten Male bewegt: jedoch täuschen sie sich sehr in diesem Urteil. Die Leibesfrucht wird nämlich gleich nach dem Empfangen lebendig, obwohl sie in den ersten Monaten der Schwangerschaft sehr klein ist und von einer bedeutenden Menge Wasser umgeben wird, so daß sie kaum imstande ist, ihr Existieren durch ihre schwachen Bewegungen mitzuteilen.«[6] Lebendig sein wird hier mit Sich-bewegen-können gleichgesetzt.

Der Embryo ist jetzt sechs Wochen nach der Empfängnis etwa 14 Millimeter groß. Durch die rasche Entwicklung des Gehirns hat sich der Kopf mehr und mehr zur Brust hingeneigt. Dadurch entstehen vier Beugefalten, die sogenannten Mandibularbögen, die man früher irrtümlicherweise für Kiemenbögen hielt und die heute noch so bezeichnet werden. (Diese Erklärung schien die Vorstellung, der Mensch mache in seiner Entwicklung ein Fischstadium durch, zu erhärten.) In der Einsenkung zwischen den ersten beiden dieser Beugefalten bilden sich kleine Wülste, die zur späteren Ohrmuschel verschmelzen. Der äußere Gehörgang entsteht aus der Hautfurche.

Zur gleichen Zeit etwa schimmert an der Stelle, wo sich einige Tage zuvor die Augenbecher ausgestülpt haben, die jetzt pigmentierte Netzhaut.

In der letzten der acht Wochen der Embryonalperiode haben sich Arme und Beine gestreckt, an den äußeren Geschlechtsorganen sind bereits Unterschiede zu erkennen. Die Ohrmuscheln nehmen ihre endgültige Form an, die Augen sind offen, schließen sich aber am Ende dieser Woche wieder. Dabei verkleben die Lider miteinander. Sie werden sich erst kurz vor der Geburt wieder öffnen. Der Kopf wird jetzt runder und richtet sich auf. Er ist so groß, daß er die Hälfte des gesamten kleinen Körpers ausmacht. Der Hals wird schmal. Der Embryo hat jetzt schon ausgesprochen kindliche Gesichtszüge. Sein Gewicht ist mehr als dreimillionenmal schwerer als in der ersten Woche. Seine Größe hat sich seit der sechsten Woche verdoppelt: Er mißt jetzt drei Zentimeter. Am meisten ist das Gehirn gewachsen: Es gliedert sich bereits in Stamm-, Klein-, Mittelhirn, Hypothalamus und Thalamus, sowie das sehr viel Raum einnehmende Großhirn.

Eine der ebenso bescheidenen wie gleichzeitig spektakulären neuen Erkenntnisse wurde von der Forschungsleiterin des Pariser Centre de Recherches de Biologie Foetale, Jeannie-Claudie Larroche kürzlich auf einem internationalen Seminar für Kindesentwicklung vorgestellt. Es geht um die Tatsache, daß sich bereits in der siebten Woche sogenannte Synapsen im Gehirn bilden. Synapsen sind Kontakte zwischen den feinen Enden von Nervenfasern. Mit Hilfe von Neurotransmittern können an diesen Stellen elektrische Verbindungen hergestellt werden. Jede Information, die der Embryo innerhalb seiner kleinen Umwelt erhält, sei es über seine Lage im Uterus, sei es über die Temperatur, wird so an das Gehirn weitergegeben. Bisher hatte man angenommen, Synapsen bildeten sich erst nach der Geburt.

Zu diesen Informationen, die an das Gehirn weitergegeben werden, gehören nach dem neuesten Wissensstand erste Wahrnehmungserfahrungen. Der Embryo beginnt also schon »Empfänger« – Rezeptoren – für Sinneseindrücke zu entwickeln. Diese Rezeptoren in Haut, Ohr, Nase, Mund und Gelenken nehmen im Entwicklungsverlauf ihre Zusammenarbeit mit den ihnen zugehörigen Zentren im Gehirn auf:

Noch vor dem Ende des zweiten Monats ist die Region um den Mund herum empfindlich für Reize. Die sogenannte Taktilität, die sich später auf den ganzen Körper ausdehnt, ist damit einer der ersten funktionsbereiten Sinne. Auch der Geruchs- und der Geschmackssinn sind in dieser Zeit bereits angelegt. Das Kind hat ja auch etwas zum Schmecken: das leicht süßliche Fruchtwasser, in dem es schwimmt.

Am Ende der achten Woche sind alle äußeren und inneren Organe angelegt und teilweise sogar schon ziemlich weit entwickelt. Einige haben bereits ihre Funktionen aufgenommen – wir haben schon beim Herzen gesehen, wie schnell das geht –, andere sind gerade dabei, damit zu beginnen. Wie bald schon alle Systeme arbeiten und sich sogar aufeinander abstimmen, werden wir in der Fötalperiode sehen, die in der neunten Woche beginnt.

Der Embryo wächst also in ein Entwicklungsstadium hinein, in dem er erste Erfahrungen (wie Veränderungen seiner Lage im Mutterleib, Fühlen, Schmecken, Hören) sammeln und auch schon darauf reagieren wird. Oft allerdings ist oder wird zu diesem Zeitpunkt seinem Leben bereits ein Ende gesetzt: Genetische Störungen oder äußere Einwirkungen wie Gifte, aber auch Krankheit oder zu große seelische Belastung der Mutter können dazu führen, daß sich das Kind nicht normal entwickelt und – wenn mehrere ungünstige Umstände zusammentreffen – im Mutterleib stirbt (siehe auch Kasten »Gefahren und Hilfen für das Ungeborene«).

Zwischen der achten und der zehnten Woche werden die meisten aller gemeldeten Abtreibungen vorgenommen – etwa 40 Prozent. Bis zur zwölften Woche, dem äußersten Termin für einen nach dem Gesetz bei sozialer Indikation erlaubten Schwangerschaftsabbruch, kommen noch weitere 33 Prozent. Die Statistik gibt an, daß zwischen der achten und der zwölften Woche jährlich etwa 64 000 Kinder abgetrieben werden. Die Gesamtzahl wird mit rund 91 000 ausgewiesen. Diese Zahlen stimmen allerdings nicht mit der Realität überein. Wahrscheinlich muß man von einer viel höheren als der statistisch erfaßten Zahl ausgehen. Die Schätzungen klaffen weit auseinander: Sie gehen 30 bis mehr als 100 Prozent über die statistischen Angaben hinaus. Die Ungenauigkeit kommt daher, daß Ärzte und Krankenhäuser weit mehr Abtreibungen ausführen und bei den Kassen auch abrechnen, als sie melden.

Docteur Jeannie-Claudie Larroche ist Maître de Recherches am C.N.R.S. – Centre de Recherches de Biologie du Développement Foetal et Néonatal, Hôpital Port Royal, Paris.

Das »Europäische Seminar für Entwicklungsneurologie« fand 1983 unter der Leitung von Dr. Inge Flehmig (Entwicklungsneurologin) in Hamburg statt. Die Referenten kamen aus Belgien, Deutschland, England, Frankreich, Israel, Italien, den Niederlanden, der Schweiz und den USA.

Von Woche zu Woche wird der Embryo wahrnehmungsfähiger. Das heißt, wir müssen davon ausgehen, daß auch seine Erlebnis- beziehungsweise Leidensfähigkeit zunimmt.

Bis zum Ende der zwölften Woche wird der Abbruch in der Regel unter Narkose vorgenommen. Zwei Methoden stehen zur Verfügung: Bei der ersten, der klassischen sogenannten Abrasio oder auch Curetage (eine Art Ausschabung), wird der Embryo im Uterus zerschnitten und so herausgeholt. Diese Methode ist nach einer Untersuchung des Hamburger Gynäkologen Hans-Harald Bräutigam nicht nur für die Mutter die risikoreichere. Sie gefährdet auch das nächste Kind. Vor allem bei Wiederholung: »Die Anwendung der klassischen Abrasio (D & C) bei wiederholten Schwangerschaftsabbrüchen ist deutlich mit einem erhöhten Risiko für die nachfolgende Schwangerschaft verbunden.«[7] Bei der zweiten Methode, der Vakuumextraktion, wird der Embryo zerrissen und aus der Gebärmutter herausgesaugt. Das Risiko für die Mutter ist bei dieser Art des Abbruchs geringer. Es ist um so kleiner, je früher der Abbruch vorgenommen wird. Anders ausgedrückt: Von der achten bis zum Ende der zwölften Woche erhöht sich nach einer amerikanischen Untersuchung das Risiko um fast 100 Prozent, das heißt, in der zwölften Woche treten beinahe doppelt so viele Probleme oder Spätkomplikationen auf wie in der achten Woche.[8]

In den USA wird nicht zuletzt aus diesem Grund eine frühe Absaugmethode angewandt, die sogenannte »menstruel regulation«. Sie kann bereits innerhalb der allerersten Schwangerschaftswochen ausgeführt werden. In Deutschland ist sie noch nicht zugelassen, weil bis vor einigen Jahren die Möglichkeiten, eine so frühe Schwangerschaft mit Sicherheit zu erkennen, noch nicht ausreichten. Dies ist heute anders. Medizinisch gesehen, meinen Gynäkologen, stünde der legalen Einführung dieser Methode in Deutschland nichts mehr im Wege. Zu bedenken wäre dabei nicht nur das geringere Risiko für die Frau, sondern auch das noch nicht so fortgeschrittene Entwicklungsstadium des Embryos, der von Woche zu Woche wahrnehmungs-, erlebnis- und sicher auch leidensfähiger wird.

Zu Beginn der dritten Woche der embryonalen Entwicklung besteht die Keimscheibe (das ist der frühe Embryo) aus drei Schichten. Die äußere heißt Ektoderm (von ekto – außen und derm – Haut), die mittlere Mesoderm (meso – mittel) und die untere Entoderm (ento – innen). Aus diesen Keimblättern entwickeln sich alle Organe und Gewebe.

Das Ektoderm bildet das Zentralnervensystem, also Gehirn und Rückenmark, dazu das periphere Nervensystem, die Haut mit den ihr zugehörigen Drüsen, die Haare, die Nägel, die Milchdrüsen, die Hypophyse und den Zahnschmelz.

Aus dem Mesoderm gehen die Knochen, Knorpel, das Bindegewebe, die Muskeln, Herz, Blut, Blutgefäße, Nieren, Keimdrüsen und die inneren Geschlechtsorgane und die Milz hervor.

Aus dem Entoderm entwickeln sich das Epithel (die Schleimhäute) des Darms, der Luftröhre, der Bronchien und der Lunge sowie die Mandeln, die Thymus- und die Schilddrüse, die Leber und die Bauchspeicheldrüse.

Ektoderm

Mesoderm

Entoderm

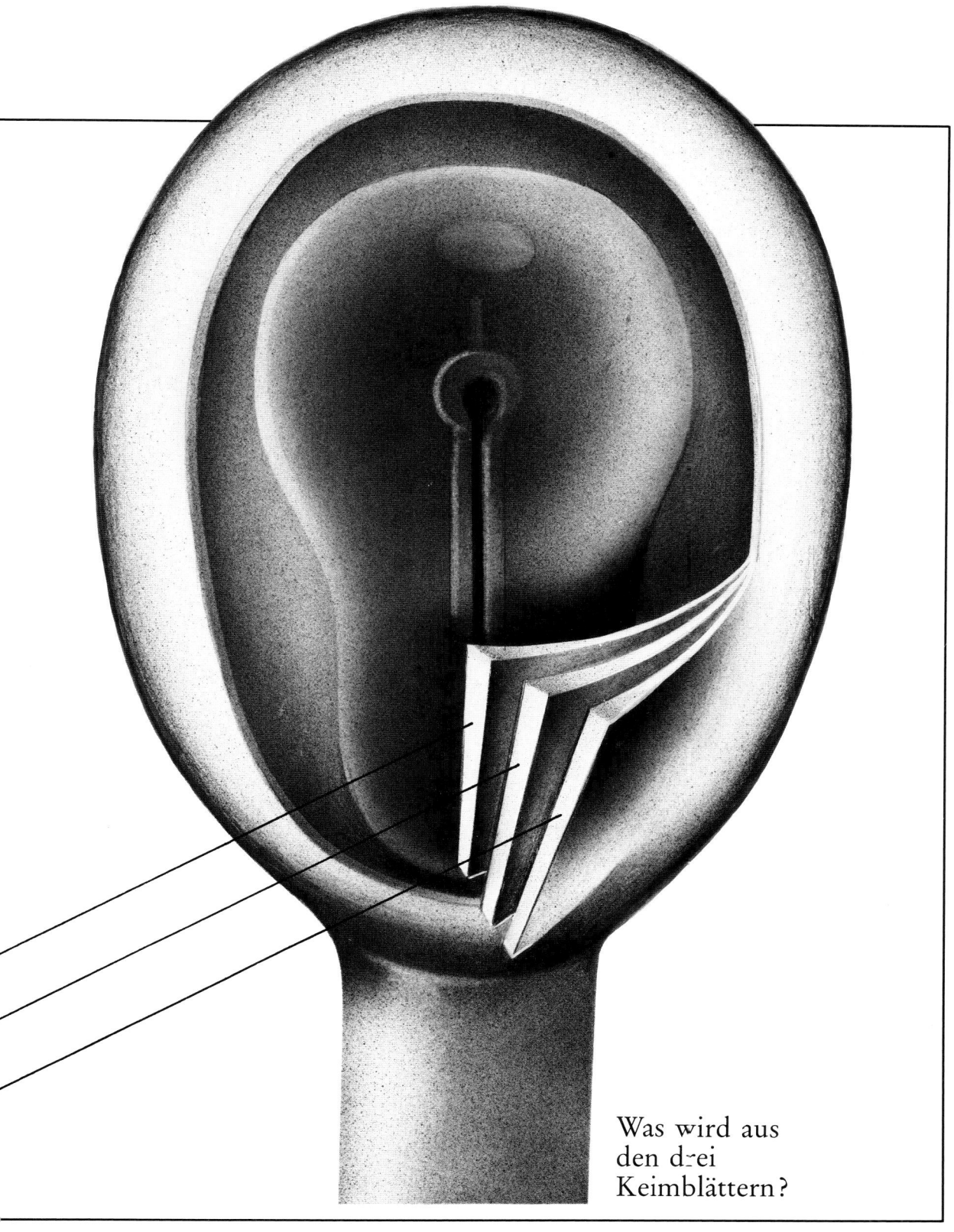

Was wird aus
den drei
Keimblättern?

Die Entscheidung für oder gegen ein Kind trifft häufig gar nicht die Frau selbst, sondern die engere und weitere Umwelt, in der sie lebt.

Viele Frauen haben keine Ahnung, wie fortgeschritten die Entwicklung des bei einem »Abbruch« entfernten Embryos oder Fötus ist. Sie glauben, er sei zu diesem Zeitpunkt nichts als ein »Zellklumpen«. Die Ärzte ersparen ihnen oft eine genauere Aufklärung darüber, um sie nicht unnötigen Seelenqualen und späteren Depressionen auszuliefern. In der Tat steht eine Frau, wenn sie ihre Entscheidung für oder gegen das Kind trifft, meist unter einem ungeheuren, für sie allein eigentlich kaum zu bewältigenden Druck. Wenn sie sich zur Abtreibung entschließt, reproduziert sie letzten Endes nur, was mit ihr selbst geschieht, meint Professor Sepp Schindler, Präsident der Internationalen Studiengemeinschaft für pränatale Psychologie. Denn häufig hat ihr Partner sie schon im Stich gelassen, als es um eine sichere Verhütung ging. Viele Männer überlassen die Verantwortung dafür immer noch ganz und gar der Frau, ebenso wie sie ihr später oft die ganze Last der Entscheidung für oder gegen das Kind aufbürden. Für eine Frau sind es jedenfalls nicht nur materielle Gründe, sondern ebenso häufig (wenn nicht häufiger) sind seelische Notsituationen, die sie veranlassen, ein Kind nicht bekommen zu wollen. Vielleicht ist sie selber der Kindheit noch nicht entwachsen. Vielleicht Opfer einer Vergewaltigung. Vielleicht ist sie überbelastet durch eine bereits große Familie und der Arzt hat ihr eine »Pillenpause« verordnet, ohne sie auf das damit erhöhte Risiko einer Schwangerschaft auch beim Gebrauch anderer Verhütungsmittel hinzuweisen. Vielleicht auch, und das ist nach Aussagen von Psychologen ein sehr häufiger Grund, hat sie Probleme mit ihrem Partner, vielleicht droht dieser sie zu verlassen oder hat es schon getan: Solche und ähnliche Situationen erzeugen den Druck, den sie mit dem Entschluß zur Abtreibung an das Kind weitergibt. Das Kind ist, wie auch nach der Geburt so oft, letztes Glied in einer Kette von Repressionen, die von oben nach unten weitergeleitet werden.

Vergessen wir nicht, daß es auch noch ganz andere Gründe gibt, die zumindest unterschwellig in der Weigerung, überhaupt Kinder zu bekommen, eine Rolle spielen. Da ist Arbeitslosigkeit, die jungen Leuten eine Lebensperspektive verbietet. Und da ist unsere Umwelt: eine Welt, in der Babys durch Gifte in der Luft und im Regen von Atemnot, ja sogar Erstickungstod bedroht sind, eine Welt, in der Muttermilch nicht mehr mit Sicherheit als die gesündeste Nahrung für Säuglinge empfohlen werden kann, eine Welt mit immer weniger Natur (die das Kind für seine gesunde Entwicklung braucht), aber viel Beton; eine Welt schließlich, in der die Raketen zur Vernichtung des angeblich so sehr erwünschten Lebens schon bereitstehen.

Ein letzter und leider häufiger Grund, der zu einem unerwünschten Kind oder einer Abtreibung führen kann: der Mangel an Information. Sexualaufklärung ist wichtig. Mindestens genauso aber die Information über die Entwicklung und die Erlebnisfähigkeit des Kindes. Junge Leute, die gut über das Dasein des Embryos oder Fötus im Mutterleib Bescheid wissen, sind besser motiviert, sich verantwortungsvoll um Verhütung zu kümmern als schlechter informierte. Information muß sie darum früh genug erreichen und nicht erst, wenn »es passiert« ist.

Denn sogar, wenn sich eine Schwangere trotz Angst und Sorge *für* ihr Kind entscheidet, ist dieses einer schweren Belastung ausgesetzt. Im Extrem kann die seelische Zerreißprobe, unter der die Mutter leidet, sogar zu einem unfreiwilligen Abort führen. Der Stockholmer Professor für Gynäkologie und Psychiatrie, Peter Fedor-Freyberg schildert folgendes Beispiel:[9] Bei einer Mutter, die unter einem lang anhaltenden Streß steht, kommt es zu einer übermäßigen Ausschüttung des Hormons Serotonin. Der Uterus kann dadurch zu Kontraktionen angeregt und das Kind ausgestoßen werden. Es wäre aber auch denkbar, meint Peter Fedor-Freyberg, daß die Kontraktionen eine schlechtere Durchblutung des Uterus zur Folge haben. Serotonin, ein Gewebshormon, das allgemein bei psychischen

Prozessen eine Rolle spielt, kann in übermäßiger Menge auch schädlich auf die Plazenta einwirken. Es verengt die Blutgefäße im »Mutterkuchen«. Damit wird dem Kind zu wenig Sauerstoff zugeführt und seine Entwicklung beeinträchtigt. Wir wissen, daß das sich entwickelnde Gehirn mit seiner lebhaften Zellteilung viel mehr Sauerstoff braucht als alle anderen Organe.

Das Beispiel zeigt, wie eng die Verbindung zwischen dem seelischen und körperlichen Befinden der Mutter und dem des Kindes ist. Wie anders wäre es sonst zu erklären, daß ein Neugeborenes gelegentlich mit Magengeschwüren zur Welt kommt? Der Regensburger Professor für Psychologie Helmut Lukesch spricht von einer intrauterinen »Managerkrankheit«, verursacht durch eine erhöhte Produktion von Gastrin bei seelisch belasteten Müttern.[10] Gastrin ist eine Gewebshormon, das die Säureabsonderung des Magens fördert. Es kann durch die Plazenta zum Kind gelangen.

Mit Bestimmtheit weiß man heute, daß Unerwünschtheit und Ablehnung zu den verhängnisvollsten Risikofaktoren für die Entwicklung des Ungeborenen gehören: Sie können das Kind zum Zeitpunkt ihrer Einwirkung körperlich und seelisch hemmen und sogar schädigen, aber auch späte Folgen in der Kindheit haben. Lukesch schreibt über eine erhöhte Rate an Entwicklungsstörungen bei Kindern von Frauen, die ursprünglich abtreiben wollten, es dann aber nicht getan haben.[11] Der Mutterleib ein Ort der Vergiftung und Vertreibung. Aber auch ein Paradies, wie Stifter es beschreibt, wenn positive Erfahrungen der Mutter, wie Geborgenheit, materielle Sicherheit, Gesundheit, dem Kind eine günstige Umwelt bieten. Sicher kann auch der starke Wille einer Frau, ihr Kind »dennoch« zu bekommen, die negativen Auswirkungen ihrer Anspannung wettmachen.

Wir dürfen aus diesen erst seit neuerer Zeit bekannten Zusammenhängen allerdings nicht auf eine Zwangsläufigkeit schließen. Mit Sicherheit läßt sich nie voraussagen, wie sich seelische Belastungen der Mutter auswirken. Wir kennen nur die Tendenz. Und die ist allerdings Grund genug, sie in Betracht zu ziehen, das heißt zum Beispiel, einer schwangeren Frau soviel Sicherheit, Geborgenheit und Verständnis zu geben wie irgend möglich, ihre Ängste und Besorgnisse ernst zu nehmen. Das gilt vor allem für den Partner, aber auch für die Familie im weiteren Sinn, für Arbeitsplatz und ärztliche Betreuung.

Ob sich der Partner seiner schwangeren Frau und dem Ungeborenen liebevoll und schützend zuwendet oder ob er sich desinteressiert abwendet, das ist von einer Bedeutung für das Kind, die bisher sicher noch nicht genug beachtet worden ist. Der zukünftige Vater ist ebenso verantwortlich für das gesunde und ungestörte Heranreifen des zukünftigen Babys wie die Mutter.

Verantwortung trägt auch die übrige soziale Umwelt der schwangeren Frau. Die Art und Weise, wie Freunde und Freundinnen, wie Arbeitskollegen mit ihr umgehen, ist wichtig: ob sie Verständnis für die besonderen Bedürfnisse und Probleme der Schwangeren haben. Bestimmt ist es für eine werdende Mutter und die Entwicklung des Kindes nicht gut, wenn sie sich zum Beispiel gerade jetzt Sorgen um die Zukunft ihres Arbeitsplatzes machen muß. Der Arzt schließlich, der die Schwangere betreut, hat eine besonders wichtige Funktion: Er kann nicht nur helfen und raten, sondern auch Angst mindern und ein Gefühl der Sicherheit vermitteln. Nimmt er sich genügend Zeit, und nimmt er ihre Fragen und Besorgnisse wirklich ernst, oder versucht er sie mit oberflächlichen Ermunterungen abzuspeisen? Besonders wichtig sei es, sagt Dietmar Richter, Gynäkologe an der Universitäts-Frauenklinik Freiburg, eine Schwangere über die seelische Beziehung zwischen Mutter und Kind zu unterrichten und dabei den zukünftigen Vater einzubeziehen. Damit bekomme die Geburtsvorbereitung eine ganz neue Dimension.[12]

All diese sozialen und psychischen Zusammenhänge lassen eines ganz deutlich erkennen: Man kann das Ungeborene nur über seine Mut-

Einer der folgenschwersten Risikofaktoren für die Entwicklung des Ungeborenen ist, von der Mutter nicht gewünscht oder sogar abgelehnt zu werden.

In anderen Kulturen befolgen schwangere Frauen und ihre Angehörigen genaue, zum Teil sogar strenge Verhaltensmaßregeln. Sie haben den Sinn, das Kind ungestört heranreifen zu lassen und es nicht durch seelische Erschütterungen der Mutter zu gefährden.

ter erreichen. Wer dem Kind helfen will, muß auch ihr helfen.

Andere, von uns häufig als primitiv bezeichnete Kulturen haben solche Zusammenhänge schon seit langem erkannt und ihre Verhaltensregeln daraus abgeleitet. Die Frau des islamischen Hausa-Stamms in Nord-Nigeria zum Beispiel hält ihre Schwangerschaft so lange wie möglich geheim, um Neid, Mißgunst und böse Außeneinflüsse fernzuhalten. Sie fürchtet um die Mittagszeit, wenn die Sonne am höchsten steht, und in der Mitte der Nacht böse Geister, die sie um das heranwachsende Leben beneiden. Sie darf sich nicht dem bösen Blick aussetzen, und sie hält gewisse Essensvorschriften ein. Sie ißt auch während der Schwangerschaft keine Zwillingsfrüchte, zum Beispiel zusammengewachsene Bananen, damit sie keine Zwillinge bekommt, ebenso darf sie auch kein Fleisch von Tieren zu sich nehmen, die an einer Krankheit oder einem Unfall verendet sind. Die Einwohner der Trobriand-Inseln (zwischen der Nordostküste Neuguineas und dem Bismarck-Archipel) veranstalten während der ersten Schwangerschaft einer jungen Frau eine besondere Zeremonie. Im fünften Monat überreicht ihr eine Tante oder Kusine einen weißen, aus den Fasern von Bananenblättern gearbeiteten Mantel. Sie wird von ihr nahestehenden Frauen ans Meer getragen und nimmt ein zeremonielles Bad. Die schwangere Trobrianderin befolgt auch bestimmte Nahrungstabus. Die Madegassenfrau wiederum hält sich von allem fern, das sie zum Weinen bringen könnte, sie nimmt an keiner Totenbestattung teil. Sonst muß sie befürchten, daß ihr Kind ein »krankes Herz« bekommt. Auch die indoarabischen Frauen an der ostafrikanischen Swahiliküste haben Angst vor dem »bösen Auge«. Darum reden sie mit keinem Fremden über die Schwangerschaft. Bei den Iatmul in Papua-Neuguinea wird die Frau während ihrer ersten Schwangerschaft aller Pflichten als Ernährerin enthoben. Ihre Mutter und ihr Mann sorgen für sie. Wird das Kind mit einem körperlichen oder seelischen

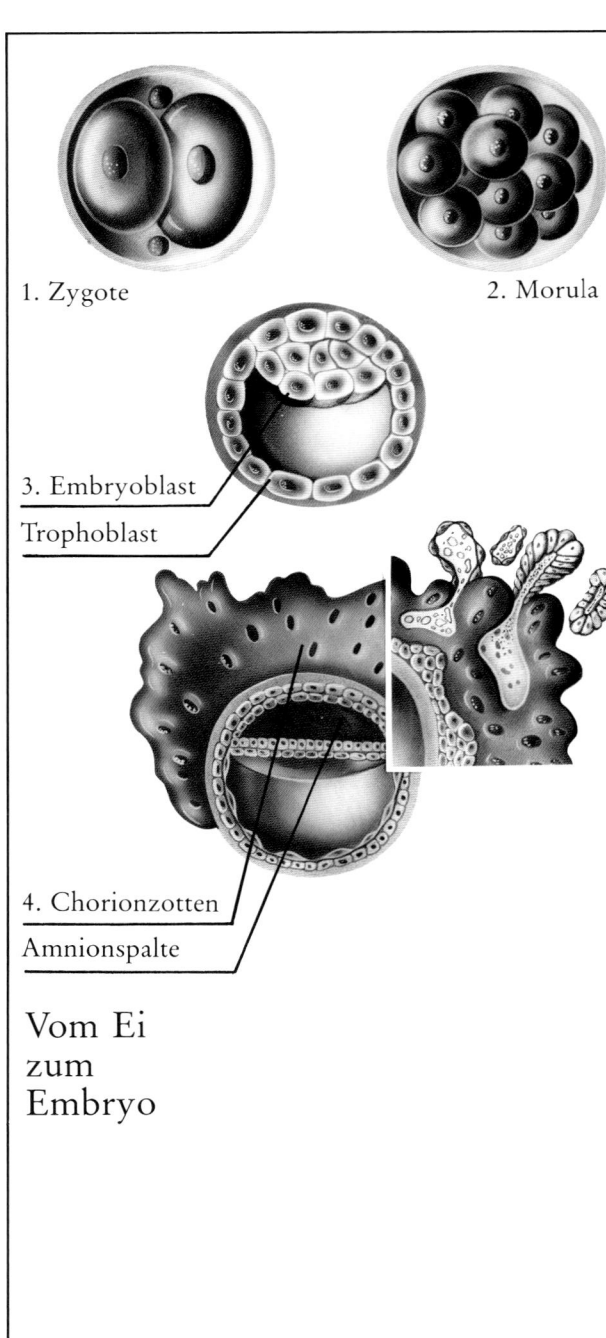

1. Zygote   2. Morula

3. Embryoblast
Trophoblast

4. Chorionzotten
Amnionspalte

Vom Ei
zum
Embryo

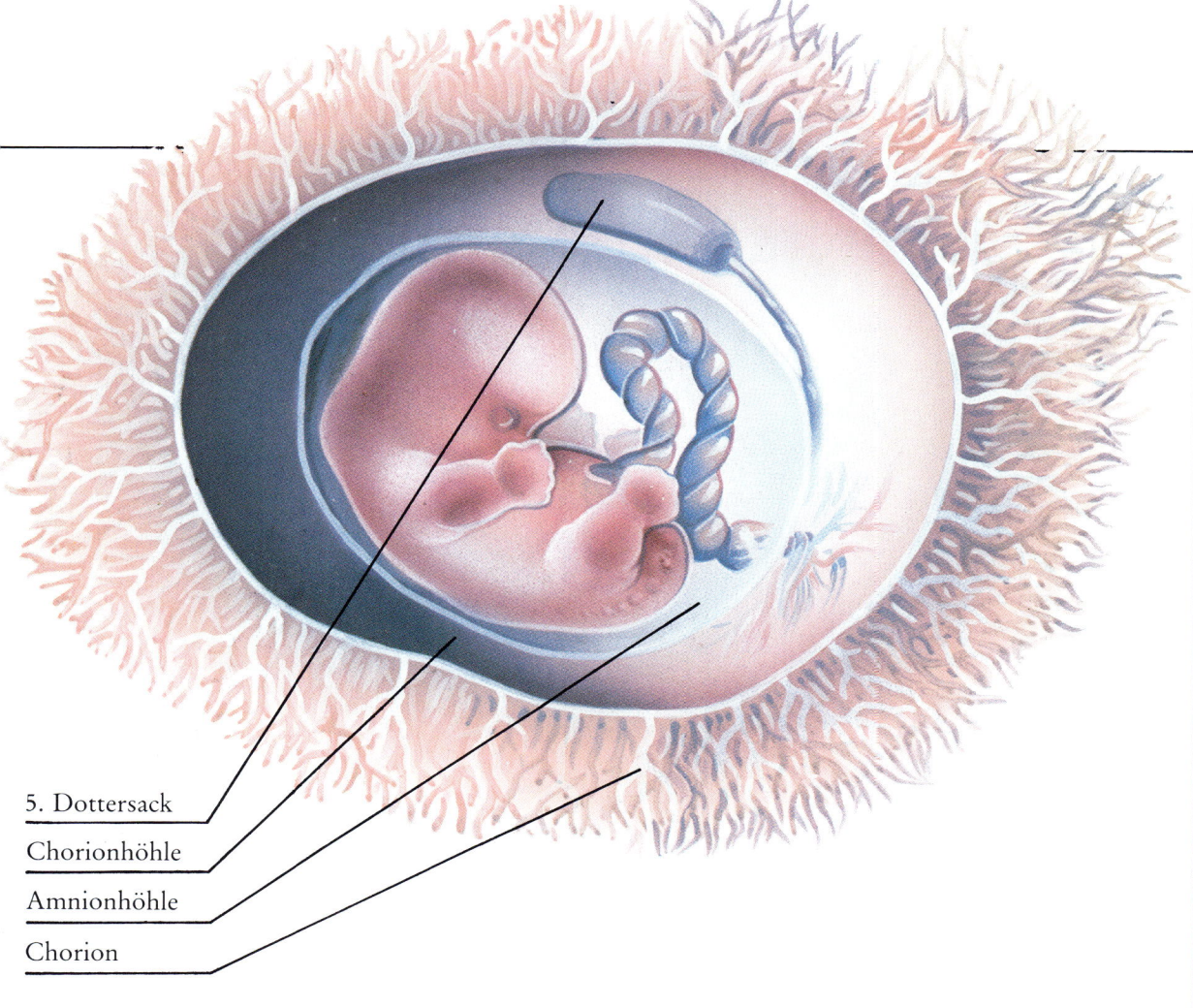

Über die Chorionzotten erhält das Kind nicht nur Nährstoffe aus dem mütterlichen Blut. Es hat auch an den Erlebnissen der Mutter teil.

5. Dottersack

Chorionhöhle

Amnionhöhle

Chorion

Die befruchtete Eizelle, die sogenannte Zygote (1) teilt sich zunächst in zwei Tochterzellen, die »Blastomere« genannt werden. Nach etwa drei Tagen ist aus mehreren Blastomeren die »Morula« (2), ein kugelförmiges Gebilde, entstanden. Am 4. Tag dringt Flüssigkeit in die Morula ein und drängt die Blastomere auseinander, so daß sich zwei Zellansammlungen bilden (3): innen der sogenannte Embryoblast, aus dem später der Embryo wird, und außen eine dünne Zellschicht, der sogenannte Trophoblast (tropho = Ernährung), der später zum »Chorion« bzw. der Plazenta wird. Das bläschenför-

mige Gebilde heißt jetzt Blastozyst. Der Embryoblast wird zur Keimscheibe. Über ihr bildet sich als Spalt die Amnionhöhle, die später als Fruchtblase um sie herumwächst (4). Der Blastozyst ist vom Chorion umhüllt. Mütterliches Blut aus der Uterusschleimhaut dringt in Hohlräume, sogenannte Lakunen, dieser Zottenhülle ein (Ausschnitt 4). In einem späteren Stadium sieht man, wie innen die Fruchtblase und außen das Chorion den kleinen Embryo umhüllen (5). Der Dottersack dient der primären Blutbildung und enthält Darmschlingen. Später bildet er sich zurück.

Alle Gliedmaßen sind
bis zum Ende der ach-
ten Woche gut ausge-
bildet. Mit dem Fuß
kann das Kind bereits
Stoßbewegungen ma-
chen. Es »übt« sie im-
mer und immer wie-
der, denn es wird sie
während des Geburts-
vorgangs brauchen,
um sich aus der Enge
des Mutterleibs aktiv
zu befreien. Die Ent-
wicklung der Füße
folgt – mit geringer
Verzögerung – dem
gleichen Schema wie
die der Hände, die auf
der nächsten Doppel-
seite gezeigt ist.

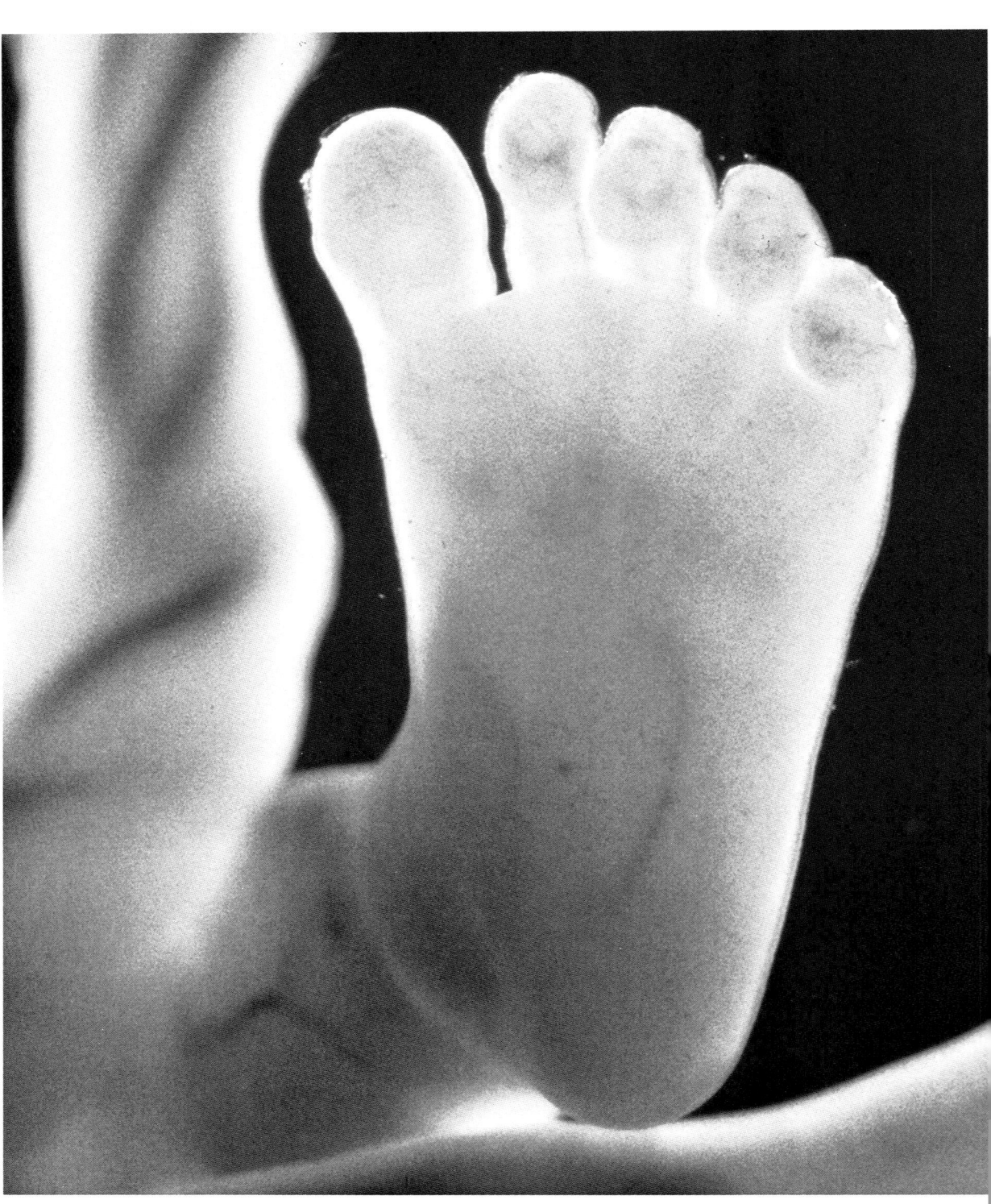

Wieviel Zeit vergeht, bis ein Kind reif für die Geburt ist

Vom Zeitpunkt der Befruchtung bis zur Geburt dauert es etwa:

266	Tage	oder	38	Wochen	oder	8¾	Kalendermonate	oder	9½	Mondmonate

Vom Zeitpunkt der letzten Menstruation bis zur Geburt dauert es etwa:

280	Tage	oder	40	Wochen	oder	9	Kalendermonate	oder	10	Mondmonate

---

Defekt geboren oder stirbt es gar, gibt man dem Mann die Schuld daran. In Rumänien wird von einer Tradition berichtet, nach der die schwangere Frau weder Hund, Katze noch ein anderes Haustier treten und auch keine Toten ansehen durfte.[13] Zweifellos haben alle diese uns naiv erscheinenden Vorkehrungen keinen anderen Sinn, als die Mutter und das Ungeborene vor jeder Form von Belastung zu schützen.

Die Frage nach dem, was das Kind im frühen Stadium seines Daseins im Dunkel der Chorionhöhle nun wirklich erlebt, beantwortet sich weitgehend durch das, was seine Mutter erlebt, durch Stoffwechselvorgänge, optimale oder unzureichende Ernährung und durch die Sauerstoffversorgung. Eine Erinnerung an diese Zeit, in unserem erwachsenen Sinn, gibt es nicht. Endokrine (hormonelle, innersekretorische) Vorgänge können nicht erinnert werden. Aber, so meint Sepp Schindler, vielleicht wird auf eine noch nicht geklärte Weise etwas gespeichert, so daß doch etwas von dem emotionalen Gehalt des frühen endokrinen Erlebens erhalten bleibt.

Wie weit das Kind mit seinen zu diesem Zeitpunkt funktionierenden Systemen bereits »fühlt«, was mit ihm geschieht, ob es geliebt, abgelehnt oder gar gehaßt wird, wissen wir nicht. Sicher ist nur, daß dieses frühe Erleben Folgen für sein späteres Leben hat. Wir können nur bestimmte Hinweise der Wissenschaft aufnehmen und vorsichtige Schlüsse daraus ziehen.

Ein solcher Hinweis ist bereits das neue Verständnis von physischen und psychischen Vorgängen als einer Einheit. Blechschmidt sieht in Wachstumsstörungen auch psychische Störungen. Das Phänomen ist auch im Kindesalter zum Beispiel bei Heimkindern zu beobachten.

Ob wir nun die Entwicklung und die Funktionen des Organismus als Manifestationen der Psyche oder umgekehrt, seelische Prozesse als Ausdruck physiologischer Vorgänge sehen, bleibt sich gleich: Die moderne wissenschaftliche Erkenntnis, daß alle Systeme miteinander in Beziehung stehen, daß auch das Gehirn in seiner »Arbeit« immer als Gesamtheit verstanden werden muß, macht Spekulationen über den Anfang von Psyche überflüssig.

Wir müssen uns nur klarmachen, daß nicht nur die »Systeme« – Kreislauf, Stoffwechsel, neurologische Vorgänge, erste Bewegungen und Wahrnehmungen –, sondern auch ihre Beziehungen zueinander in einem frühen Stadium sind. Und daß sie noch von keinem Bewußtsein verarbeitet werden. Die vollkommene Abstimmung aufeinander, ihre Integration, erreichen sie erst spät in der Kindheit.

Wir wissen nicht genau, wie das Kind seine ersten Erlebnisse speichert. Wir wissen aber, daß diese frühen Erfahrungen Auswirkungen auf sein späteres Leben haben können.

Das Wunder der frühen Entwicklung wird besonders augenfällig im Wachstum der Hand. Um den 28. Tag nach der Zeugung werden die Armknospen sichtbar. Wenige Tage danach sind sie erheblich gewachsen und verbreitern sich an ihrem vorderen Ende zu Handplatten.

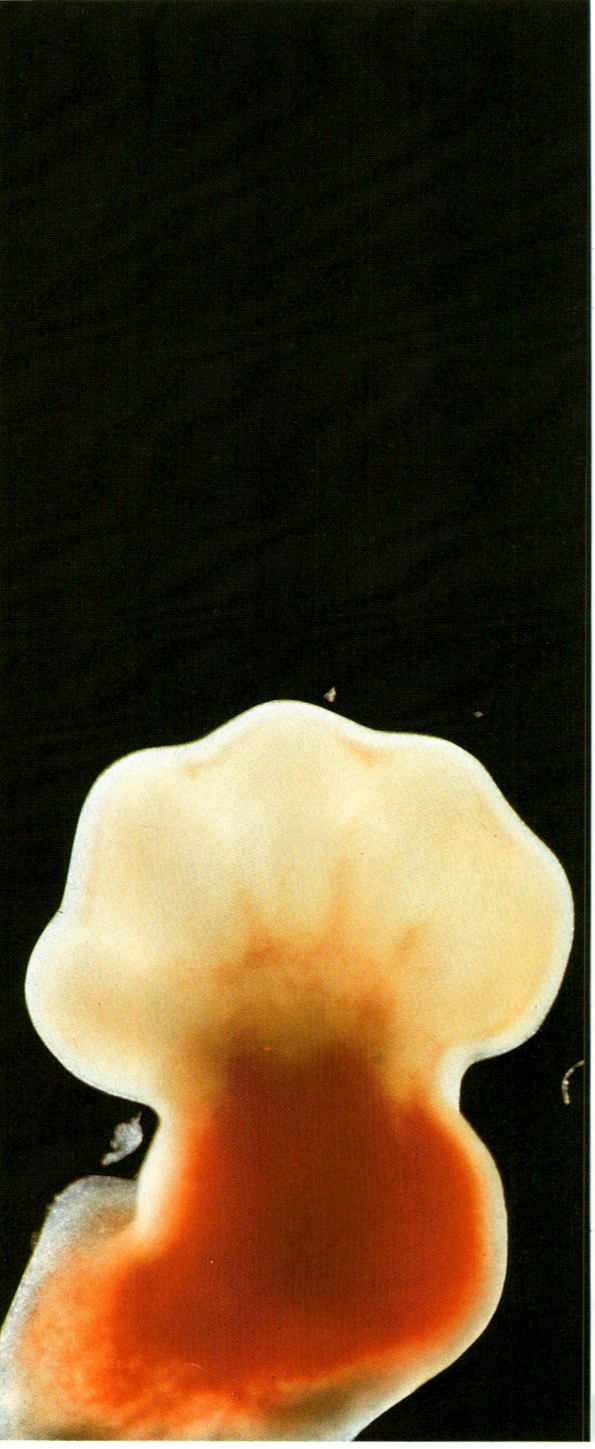

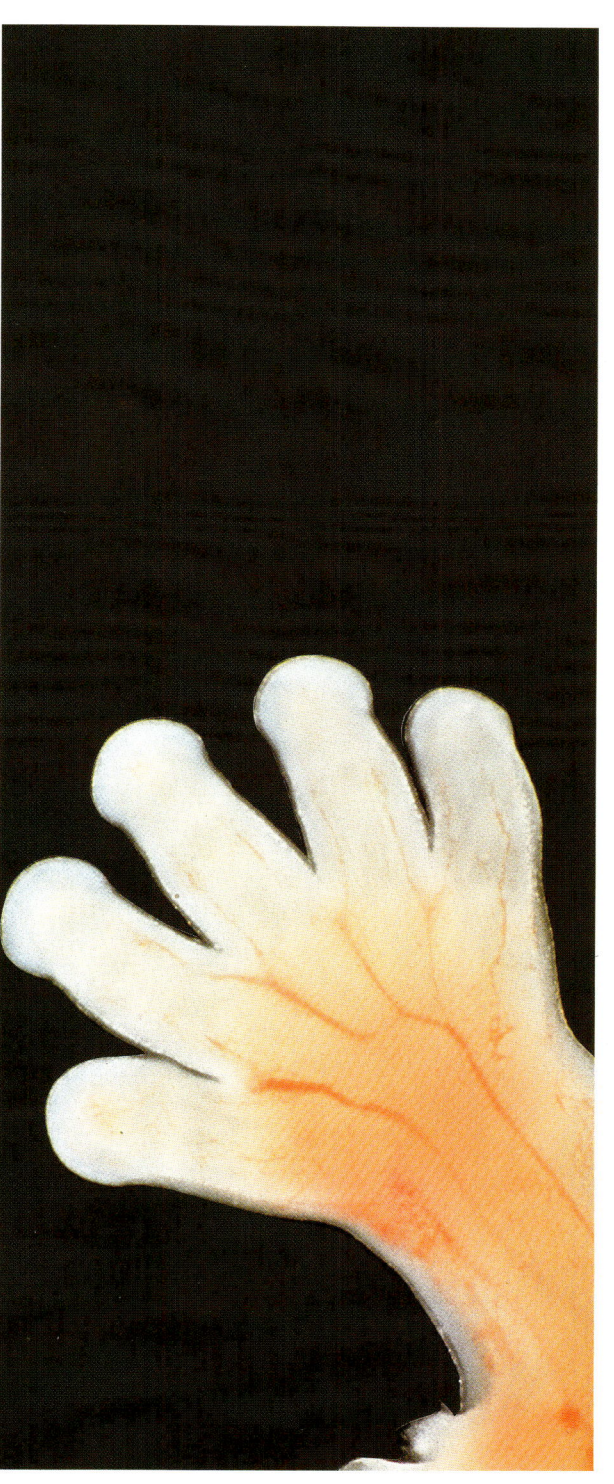

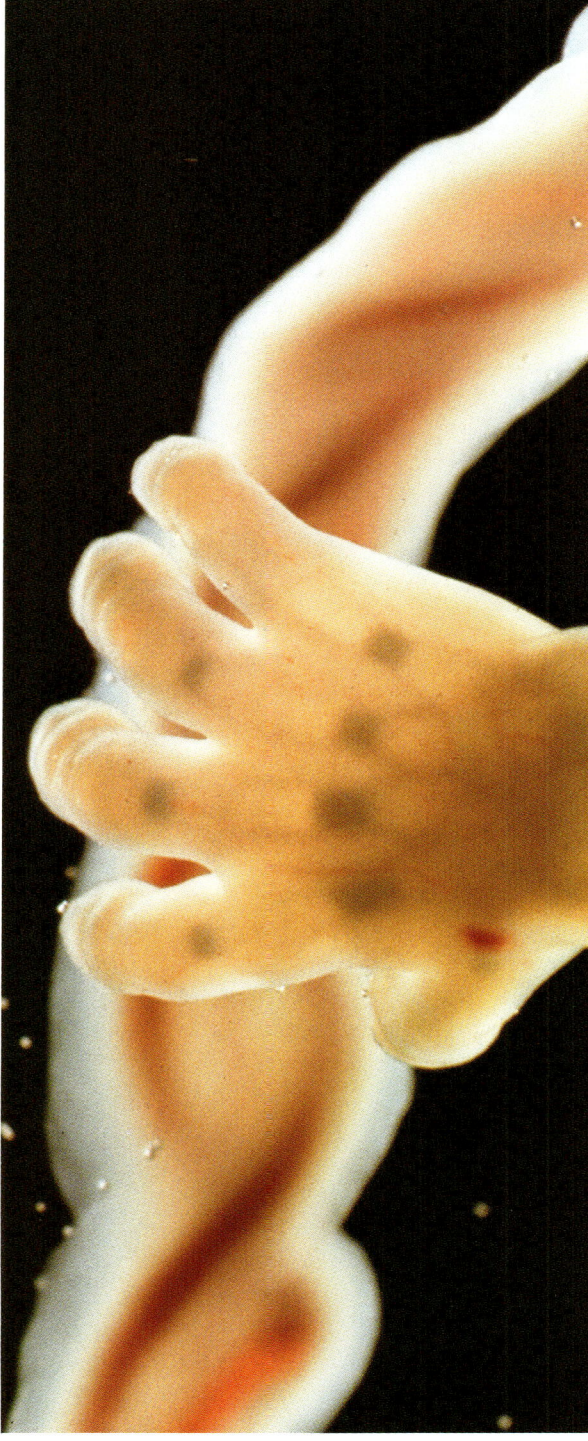

Bis zum 41. Tag entstehen »Fingerstrahlen«. Die knorpeligen Anlagen von Elle, Speiche und Oberarmknochen sind vollständig da. Die Hände und Arme können bald erste Bewegungen ausführen. Später kommt es vor, daß das Kind die Nabelschnur umfaßt.

Gefahren und Hilfen für das Ungeborene

Die ersten acht Wochen, die der menschliche Embryo ganz und gar umschlossen von der Chorionhülle erlebt, sind nicht nur eine Zeit besonderer Geborgenheit, sondern auch besonderer Gefährdung. Zum einen, weil die Verbindung zum mütterlichen Stoffwechsel besonders direkt ist und alle körpereigenen und von außen kommenden Schadstoffe auf den zarten Keim einwirken. (Später filtert die Plazenta immerhin einige dieser Stoffe heraus, allerdings viel weniger als man früher annahm.) Zum anderen, weil die Störungen in diesem Entwicklungsstadium sehr schwere Behinderungen erwarten lassen.

Typische Fehlbildungen der Embryonalzeit sind Spalten in der Wirbelsäule (Spina bifida) und am Kopf und damit verbundene Mißbildungen des Zentral-Nervensystems, ebenso Spalten im Gaumen, im Kiefer, in den Lippen (die sogenannten Hasenscharten) und Gliedmaßenmißbildungen, wie sie durch das Schlafmittel Contergan erzeugt wurden. Andere Entwicklungsstörungen der Embryonalzeit sind Chromosomenanomalien, am bekanntesten die sogenannte Trisomie 21, bei der zum 21. Chromosomenpaar ein drittes Chromosom hinzukommt. Sie wird häufig als Mongolismus bezeichnet.

Solche Entwicklungsstörungen können unterschiedliche Gründe haben: zunächst genetische, also im Erbmaterial der Eltern liegende. Paare, in deren Familien Erbkrankheiten aufgetreten sind und die sich ein Kind wünschen, sollten unbedingt eine humangenetische Beratungsstelle aufsuchen. Auch eine Fehlleistung des mütterlichen Stoffwechsels kann Ursache für die Entwicklungsstörung eines Ungeborenen sein. Solche Entgleisungen des Stoffwechsels werden manchmal durch Krankheit, aber auch durch schwere seelische Belastungen hervorgerufen. Über die Hypophyse wirken die Gefühlskonflikte auf den Uterus ein. »Wehen« – Kontraktionen – können die Folge sein. Dadurch werden die Gebärmutterschleimhaut und die Durchblutung der Plazenta beeinflußt. Für das Kind bedeutet dies Nahrungs- und Sauerstoffmangel. Ein solcher Mangel kann die Entwicklung seines Nervensystems beeinträchtigen oder sogar sein Leben bedrohen.

Hier wird noch einmal deutlich, wie wichtig es ist, daß die werdende Mutter in einer von Belastungen freien Umwelt leben kann. Und wir verstehen, daß man dem heranreifenden Kind nicht »gegen« seine Mutter helfen kann.

Auch eine mangelhafte Ernährung (mit einem dadurch bedingten Vitaminmangel) gefährdet das Ungeborene. Die merkwürdigen Eßgelüste schwangerer Frauen haben ihren guten Grund und sollten berücksichtigt werden. Denn der Bedarf an essentiellen Nährstoffen (nicht an Kalorien) steigt während der Schwangerschaft so stark, daß die normale Nahrung ihn oft nicht abdecken kann.

Eine Reihe von Störungen der kindlichen Entwicklung im Mutterleib kommen von außen. Sie sind wegen ihrer Komplexität oft kaum auseinanderzuhalten.

● Da sind einmal die Störungen, die durch Krankheitserreger wie Viren oder Bakterien hervorgerufen werden. Röteln, Poliomyelitis, Virus-Hepatitis, Herpes, aber auch Tuberkulose, Typhus und vor allem Toxoplasmose können den Embryo schädigen. Schwangere, die Haustiere haben, müssen ihren Arzt wegen einer besonderen Blutuntersuchung ansprechen. Zu warnen ist auch vor Impfungen während der Schwangerschaft, vor allem mit Lebendimpfstoffen. Obwohl Poliomyelitisimpfungen gelegentlich immer noch als »erlaubt« gelten, muß auch davon dringend abgeraten werden.

● Röntgenstrahlen und große Schwankungen der Umwelt- und der Körpertemperatur sollte die schwangere Frau vermeiden.

● Chemische Schadstoffe, sogenannte Teratogene, haben seit der Contergan-Tragödie unsere besondere Aufmerksamkeit erweckt. Mit Recht, denn sie sind vielfältig in unserer »normalen« Umwelt versteckt: in Medikamenten, Genußmitteln, Pestiziden, Lebensmittelzusätzen, Farbstoffen, Waschmitteln usw. Es ist schwie-

Im frühen Stadium seiner Entwicklung ist der Embryo besonders anfällig für Schädigungen. Betroffen sind dann vor allem die Wirbelsäule und das Zentralnervensystem.

rig, sich ein Urteil über ihre Gefährlichkeit zu bilden: Einerseits wirken nicht alle stoffwechselfremden Substanzen in Überdosis schädigend auf das Ungeborene, und andererseits ruft manche zunächst harmlos scheinende Substanz erst in Verbindung mit einer oder mehreren anderen Schädigungen hervor.

Schwangere Frauen sollten darum, wie es Professor Thomas von Kreybig, Experte für angeborene Fehlbildungen und Behinderungen an der Universitätsklinik Hamburg Eppendorf, empfiehlt, Medikamente grundsätzlich nur in lebensbedrohenden Situationen nehmen, niemals aber »zur Erhaltung oder Steigerung des verfeinerten Lebensgenusses«.

Leider sind damit die Gefahren für den kleinen Embryo noch nicht zu Ende. Eine kritische Phase ist für ihn in der Mitte der sechsten Woche der Nabelanschluß: Es kann passieren, daß die Nabelschnur ein Bein oder einen Arm abschnürt und damit das Wachsen dieser Gliedmaßen behindert oder daß sie sich um den Hals des Kindes wickelt.

Viele, ja die meisten der hier genannten das Kind bedrohenden Schädigungen lassen sich glücklicherweise vermeiden. Fast überall in Deutschland können interessierte Paare, die ein Kind erwarten, nicht nur Vorsorgeuntersuchungen aufsuchen, sondern auch an geburtsvorbereitenden Gruppen teilnehmen. Mit einer guten Schwangerschaftsprophylaxe läßt sich das Risiko einer frühembryonalen Störung auf die Promillegrenze zurückdrängen.

Diese Vorsorge besteht zunächst darin, im Gespräch mit zukünftigen Eltern mögliche Risikofaktoren bereits *vor* dem Beginn einer Schwangerschaft aufzuspüren. Es muß zum Beispiel geklärt werden, ob in beiden Familien irgendwelche Erbkrankheiten oder Fehlbildungen aufgetreten sind, ob es häufiger Fehlgeburten gegeben hat, ob die zukünftigen Eltern schon ein behindertes Kind haben, ob die Mutter durch Krankheit und Medikamenteneinnahme, durch Röntgenbestrahlung oder Hormonbehandlung,

aber auch durch Alkohol- und Zigarettenmißbrauch oder einfach durch eine schwierige psychische oder soziale Situation belastet und damit das zukünftige Kind gefährdet sein könnte.

Man rät der Frau, mit der Empfängnis zu warten, bis sechs Monate seit der letzten Pilleneinnahme verstrichen sind. Vor Ablauf dieser Zeit hat sich die Gebärmutterschleimhaut noch nicht ausreichend regeneriert. Das bedeutet, daß das Ei sich nicht oder nur unzureichend einnisten kann. Darüber hinaus ist es notwendig, daß der Stoffwechsel-Haushalt der Frau vollkommen im Gleichgewicht ist: Schadstoffe, die von außen kommen, werden dann besser vom Embryo ferngehalten.

Wenn bei diesen vorbereitenden Gesprächen irgendwelche Risikofaktoren herausgefunden werden, muß die Schwangerschaft von allen vermeidbaren Störungen frei gehalten werden. In der dritten Woche nach der Zeugung (fünf Tage nach dem Ausbleiben der Regel) verabreicht der Arzt der werdenden Mutter eine Kombination der Vitamine B_1, B_6 und B_{12} in besonders hoher Dosierung. Dieser Vitaminkomplex hat, nach den Erfahrungen von Kreybigs, eine positive Wirkung auf die Mechanismen, mit denen sich der Embryo sozusagen selber »repariert« oder regeneriert, eine so folgenreiche wie leider in ihrer Bedeutung noch immer unterschätzte Entdeckung. Sie bedeutet: Selbst wenn eine Schädigung früh wirksam geworden ist, kann sie noch behoben werden.

Mehr als 2000 Fälle sind untersucht und beobachtet worden, in denen zu erwartende Spaltbildungen des Kiefers, des Gaumens und der Lippen ausgeblieben sind. Auch zu erwartende Mißbildungen des Herzens und der Wirbelsäule konnten so immerhin eingeschränkt werden. In jedem Fall vermindert eine gute Schwangerschaftsvorsorge das Risiko einer embryonalen Schädigung und damit das Risiko einer Behinderung des Kindes auf ein Minimum. Eine Ermutigung für Paare, die Angst haben, ein Kind zu bekommen.

Eine Schwangere sollte Medikamente nur im äußersten Notfall nehmen und möglichst auf Zigaretten und Alkohol verzichten.

Wenn der Fötus zwölf Wochen alt ist, beginnt bereits die zweite Phase der Entwicklung im Mutterleib. Sie steht im Zeichen von Wahrnehmung und Bewegung und damit auch einer frühen seelischen Entwicklung. Kreislauf- und Hirn-Differenzierung sind weit fortgeschritten. Der Fötus sammelt erste Erfahrung: Der Tastsinn breitet sich über die ganze Körperoberfläche aus. Das Ungeborene kann schon das leicht süßliche Fruchtwasser schmecken, und es kann hören. Sein Gleichgewichtsorgan beginnt zu registrieren, wie es im Mutterleib liegt und wie es selber oder die Mutter seine Lage verändern. Es nutzt alle seine Möglichkeiten, sich zu bewegen und übt damit Fähigkeiten ein, die es nach der Geburt braucht. Gleichgewichtssinn und Tastsinn regen Eigenwahrnehmungen an, die sogenannte Propriozeption: Informationen, die der Fötus aus seinen Muskeln und Gelenken erhält, werden dem Gehirn übermittelt und helfen, es immer feiner auszubilden.

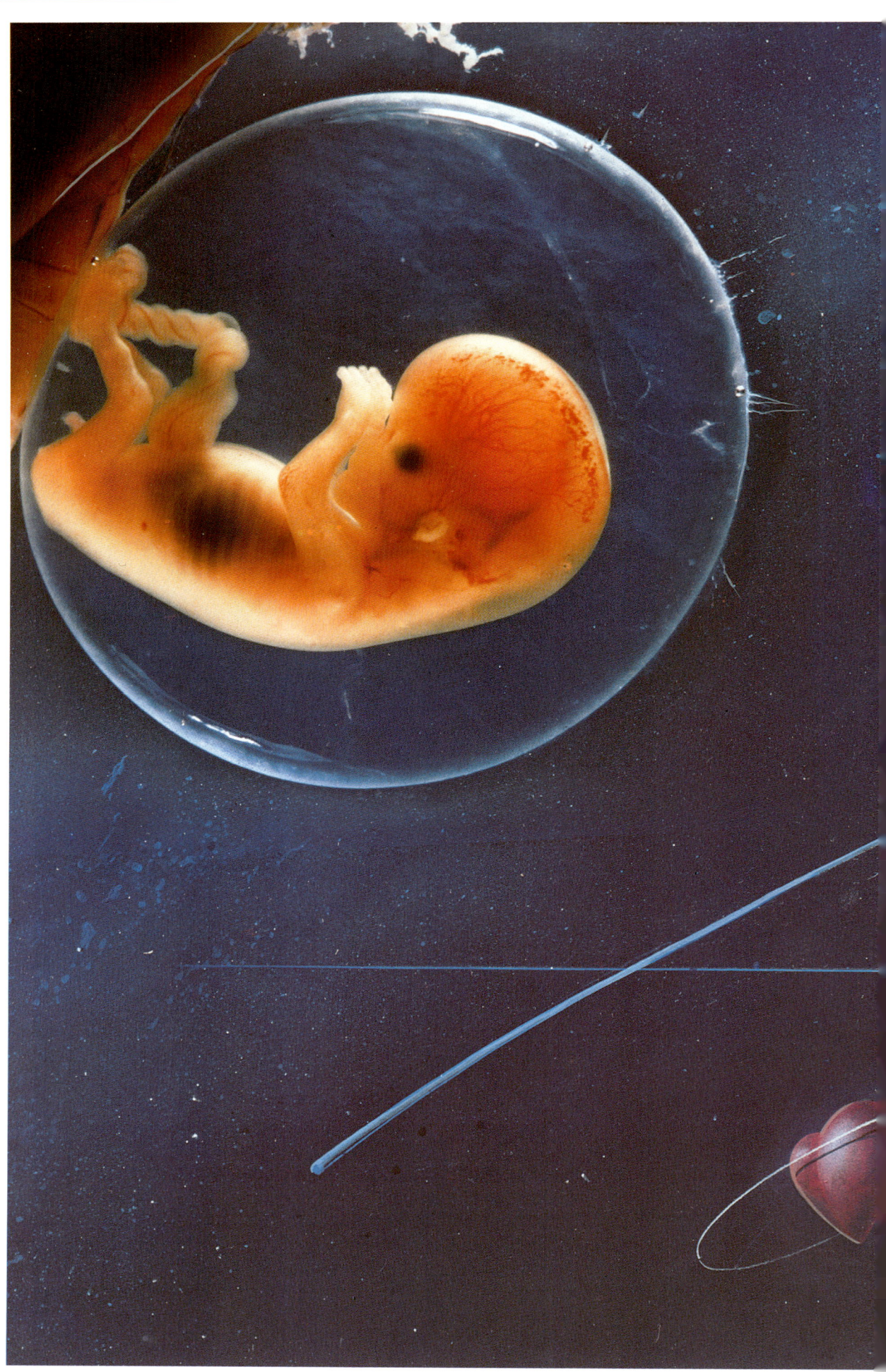

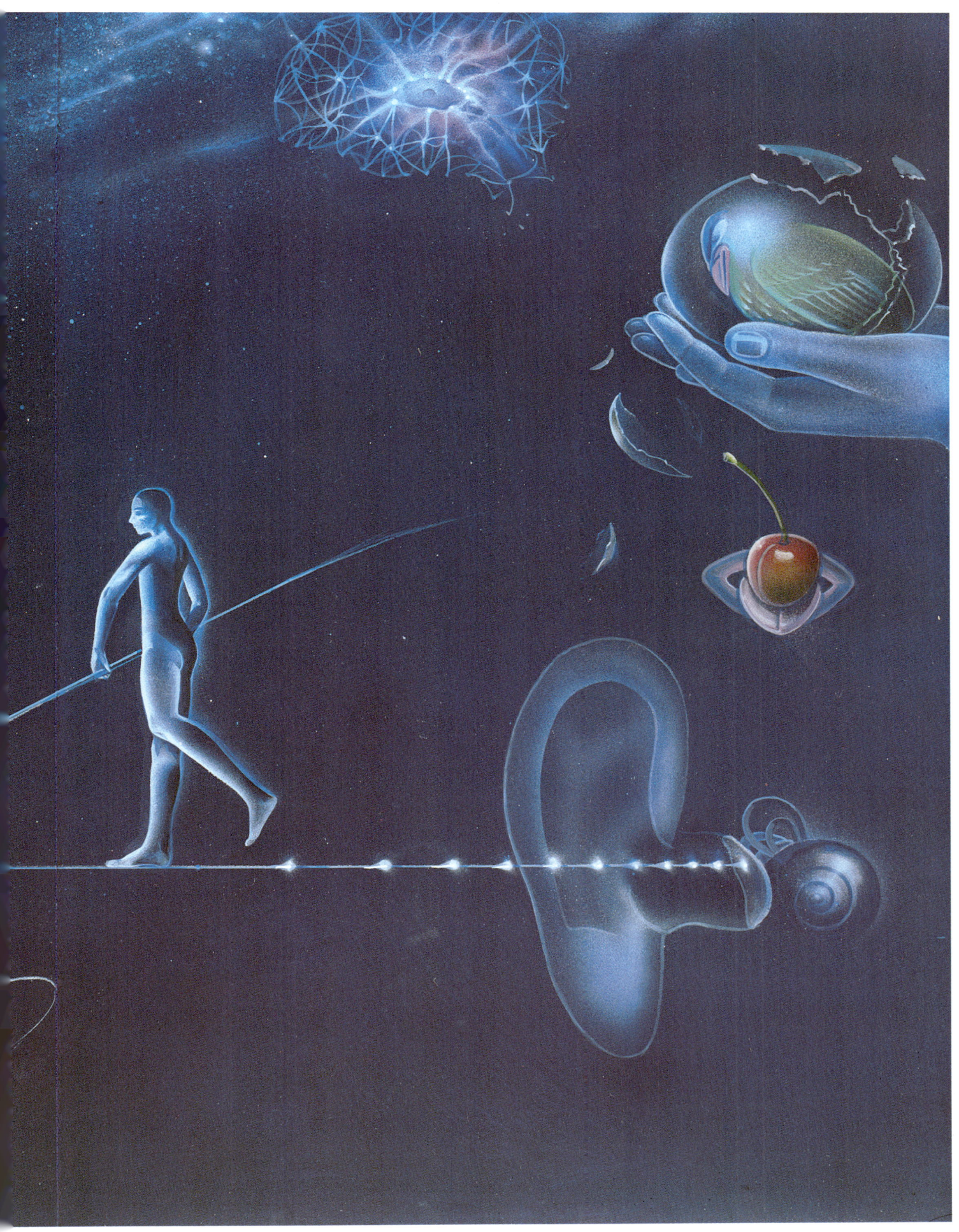

Alter in Tagen	Größe in mm	Entwicklung*
0–4		Erste Zellteilungen.
4		Blastozyst.
6–12		Der Keim nistet sich in der Gebärmutterschleimhaut ein.
13		Die Zotten des Chorions bilden sich und verbinden den Embryo mit dem mütterlichen Stoffwechsel.
15		Der Embryo ist jetzt ein dreiblättriger Keim. Aus den drei Keimblättern entwickeln sich alle Gewebe und Organe.
21	1,7	Das Herz entsteht aus zwei Blutgefäßen, die miteinander verschmelzen. Es beginnt sofort zu arbeiten.
22–26	bis zu 3**	Der Embryo krümmt sich, Augenbläschen sind ausgebildet. Anlage der Lunge als Knospe am Vorderdarm. Das »Neuralrohr« schließt sich.
26–28	2,5–6	Das Gehirn beginnt sich zu Bläschen auszubilden. Der Embryo bekommt eine C-förmige Gestalt. Magen, Leber, Bauchspeicheldrüse und Darmrohr entwickeln sich. Am 26. und 28. Tag werden Armknospen sichtbar.
31	6	Beinknospen bilden sich.
32	6–7	Augenbecher ausgebildet, flossenähnliche Verbreitung der Handplatten.
37–40	8–11	Fußplatten ausgebildet, die Retina ist pigmentiert, Ohrwülste haben sich gebildet.
41–43	11–14	»Fingerstrahlen« sind erkennbar.
44–46	13–17	»Zehenstrahlen« treten auf. Die Augenlider entwickeln sich. Brustwarzen werden sichtbar.
49–51	18–22	Arme sind länger geworden, im Ellenbogen beugen sie sich. Die Finger sind zu erkennen.
52–53	22–24	Hände und Füße nähern sich. Die Finger sind jetzt getrennt. Erste Bildung von Synapsen im Gehirn beobachtet.
54–55	23–28	Auch die Zehen sind jetzt getrennt. Augenlider und Ohren haben sich weiterentwickelt.
56	27–31	Der Kopf ist runder, das Gesicht wird kindlicher. Am Ende der achten Woche sind alle äußeren und inneren Organe angelegt. Der Embryo macht erste Wahrnehmungserfahrungen. Sogenannte Reflexzentren für die Atembewegungen sind entstanden. Die spätere Atemfähigkeit wird während des embryonalen Lungenwachstums schon geübt.

* Zusammenstellung dieser Übersicht z. T. nach Erich Blechschmidt: *Wie beginnt das menschliche Leben,* Christiania-Verlag, Stein am Rhein 1976, und Keith L. Moore: *Embryologie – Lehrbuch und Atlas der Entwicklungsgeschichte des Menschen,* F. K. Schattauer-Verlag, Stuttgart–New York, 1980.
** Alle Angaben der Körpergröße außer der ersten (1,7 mm) beziehen sich auf die sogenannte Scheitelsteißlänge (SSL), weil der Embryo vom 22. Tag an eine mehr und mehr gekrümmte Gestalt hat.

Mit der neunten Woche beginnt die zweite Phase im Leben des jetzt Fötus genannten Ungeborenen. Diese Zeit steht ganz im Zeichen der Entwicklung von Wahrnehmung und Bewegung. Das Kind bemerkt schon eine Menge von seiner Mutter. Es fühlt, wie sie sich bewegt, ihm dabei Behagen oder Unbehagen bereitet. Es beginnt mehr und mehr, eigene Bewegungen auszuführen und dabei auf Außenreize zu reagieren. Sein Tastsinn ist schon früh funktionsfähig, so daß es bald einen Druck auf den Mutterleib oder auch ein Streicheln wahrnehmen kann. Wenn es mit den Beinen strampelt und stößt oder seinen ganzen Körper dreht, übt es schon jetzt Fähigkeiten ein, die es braucht, um bei der Geburt aktiv mitzuarbeiten. Der Fötus entfaltet in diesen Wochen auch seine erste zarte Mimik, und er beginnt nun den Wach- und Schlafrhythmus seiner Mutter zu übernehmen.

Es hat sich bewegt! Für jede Frau, die ein Kind erwartet, ist dies ein Ereignis, das mit besonderer Freude und Rührung erlebt wird. Sie empfindet es als erste Lebensäußerung ihres Babys. In Wahrheit ist das, was sie mit einer Verzögerung von drei Monaten wahrnimmt, viel mehr: nämlich der Ausdruck einer weit fortgeschrittenen körperlichen und geistigen Entwicklung.

In der neunten Woche nach der Zeugung vervollkommnen sich die Fähigkeiten des Kindes, einiges von seiner Umwelt im Bauch der Mutter wahrzunehmen und sich zu bewegen, beträchtlich. Auf eine zarte Berührung an den Lippen, der ersten Körperregion, die tastempfindlich ist, reagiert es mit Bewegungen des ganzen Körpers. Wie kann man einen Fötus überhaupt beobachten? Der Ultraschall ist eine Möglichkeit. Aber auch Filme, wie sie der Embryologe Davenport Hooker von der Universität Pittsburgh von zu früh geborenen, nur sehr kurze Zeit überlebenden Föten gemacht hat. Sie zeigen, daß das Kind im Alter von achteinhalb Wochen bereits auf einen taktilen Reiz antwortet: Es bewegt den Kopf, die Schultern und Hüften, streckt den Körper (mit den Beinen) und bewegt die Arme nach hinten. Vielleicht ist diese Reaktion ein erstes Auftreten des sogenannten Mororeflexes, den Neugeborene zeigen. Der Mororeflex ist ein Streckreflex mit nachfolgender Beugung.

Sogar die Finger versuchen jetzt schon sich zu schließen, wenn die Handfläche berührt wird: auch erstes Zeichen eines Reflexes, den man kurz nach der Geburt beobachten kann. Dieser Greifreflex ist eine Fähigkeit, die dem Primatenbaby erlaubt, sich im Fell der Mutter festzuhalten. Bei Menschenkindern verschwindet sie bald wieder.

Die Augenlider scheinen bereits empfindsam zu werden: Auf ihre Berührung reagiert der Fötus mit Augenrollen.

Bewegung und Wahrnehmung: Im ständigen Zusammenspiel miteinander lassen sie das Kind vom Ende der Embryonalzeit an zu einem sozialen Wesen werden. Einige Wissenschaftler streiten sich darüber, ob diese nach der achten Woche Bedeutung gewinnende Entwicklung bereits als die Zäsur zwischen embryonalem und fötalem Dasein betrachtet werden müsse, oder ob man vom Fötus erst vom Ende der zwölften Woche an sprechen könne, in der sich der Gaumen schließt. Wie in allen Fortschritten, die das Kind macht, ist auch hier der Übergang fließend.

Unter den modernen Untersuchungsmöglichkeiten ist es vor allem der Ultraschall, der schon sehr früh eine gute Beobachtung des Kindes im Mutterleib ermöglicht.

Die werdende Mutter erlebt, wie ihr Bauch sich rundet, aber sie ahnt meist nicht, wie empfindsam ihr Kind schon seine kleine Umwelt im Innern ihres Leibes wahrnimmt.

Embryo oder Fötus, wir dürfen seine Entwicklung nicht in einer bloßen Ausweitung der Reaktionen auf Reize sehen: Der Fötus kann mehr als reagieren. Er kann mehr, als ein genetisches Programm abspulen. Wie der italienische Experte für Bewegungsentwicklung Professor Adriano Milani-Comparetti meint, bringt das Kind eine kreative, individuelle Leistung ein.[14] Und diese wird sowohl von seiner kleinen Umwelt als auch von ihm selber immer wieder modifiziert und damit verbessert.

Die ersten Bewegungen sind noch am stärksten genetisch geprägt: das allgemeine Strecken und Krümmen des Körpers, erste Saugreflexe, die ebenso wie Schlucken in der zwölften Woche auftreten, dann der »Rooting-Reflex« (der später das Neugeborene veranlaßt, bei einer Berührung seiner Wange den Kopf zu diesem Reiz hinzuwenden: so findet es die Brustwarze), auch das Strampeln, die Stoßbewegungen mit den Beinen, die dem Baby bei der Geburt helfen, sich aktiv aus der Enge des Mutterleibs zu befreien. Eingeübt wird jetzt auch schon das Atmen. Der Fötus beginnt Ein- und Ausatembewegungen zu machen. Dabei nimmt seine Lunge jetzt natürlich noch keine Luft, sondern Amnionflüssigkeit auf. Er ertrinkt nicht, weil er ja durch die Nabelschnur mit dem frischen Blut aus der Plazenta auch ausreichend Sauerstoff erhält.

Ein früher Ausdruck von Bewegung ist auch die Mimik. Wenn das Kind auf die Welt kommt, verfügt es über ein Repertoire an Gesichtsausdrücken, das die Eltern in Staunen versetzt. Ohne zu lernen, kann es mit seiner Mimik der Mutter eindeutig klarmachen, ob es etwas als angenehm oder unangenehm empfindet oder ob ihm etwas fehlt. Diese Fähigkeiten entwickeln sich also bereits im Mutterleib (wo man sie mit Hilfe des Ultraschalls ausgezeichnet beobachten kann) und sind wie die beschriebenen anderen Bewegungen genetisch programmiert. Trotzdem wird der Fötus sie individuell gestalten.

Vor allem vom zweiten Drittel der Reifung, etwa von der zehnten Woche an, beeinflussen

Fähigkeiten, die unmittelbar nach der Geburt gebraucht werden, wie Saugen, Schlucken, Atmen werden schon im Mutterleib eingeübt.

Der Mensch hat mehr als fünf Sinne. Außer Tasten, Schmecken, Riechen, Hören und Sehen verfügt er über einen Gleichgewichtssinn und eine Eigenwahrnehmung, das heißt, die Informationen, die er aus seinen Muskeln und Gelenken erhält. Alle diese Wahrnehmungen entwickeln sich schon im Mutterleib.

Umwelt und Erfahrung in zunehmendem Maße die Fähigkeiten des Kindes. Verständlich, denn es beginnt ja auch immer mehr wahrzunehmen.

Der Geschmackssinn ist Ende des dritten Monats ausgereift. Außer Fruchtwasser hat das Kind allerdings noch nichts zu schmecken. Das Gehör beginnt sich zu entwickeln, das heißt, die Schneckenwindungen des inneren Ohrs sind angelegt und differenzieren sich schnell.

Besonders eindrucksvoll entwickelt sich der Tastsinn: Am Ende des dritten Monats ist bereits der größte Teil des Körpers reizempfindlich. Diese Reize gehen praktisch zu allen Zentren des Gehirns. Da sich sowohl das Nervensystem als auch die Haut aus der gleichen Gewebeschicht bilden (dem Ektoderm), spielen Berührungsreize eine Schlüsselrolle in der Organisation des Gehirns. Die Amerikanerin Jean Ayres, Spezialistin für Wahrnehmung und für Kinder, die an Wahrnehmungsstörungen leiden, schreibt in ihrem Buch *Bausteine der kindlichen Entwicklung:*[15] »Berührungsreize setzen sich durch das gesamte Nervensystem fort... Ohne ausreichende taktile (Berührungs-) Stimulierung des Körpers tendiert das Nervensystem dazu, aus dem ›Gleichgewicht‹ zu kommen.«

Für Gleichgewicht sorgt vor allem ein Sinn, der zu diesem Zeitpunkt bereits funktioniert: Sowohl das Labyrinth, das Organ, das dem Kind erlaubt, sich an der Schwerkraft zu orientieren, als auch die Bereiche im Gehirn, die die Nachrichten des Labyrinths verarbeiten, die »vestibulären Kerne« (sie zeigen sich schon neun Wochen nach der Zeugung) und das Kleinhirn sind ausgebildet und funktionsfähig, wenn auch jetzt nicht reif.

Für den Gleichgewichtssinn gibt es zwei Arten von »Empfängern« (Rezeptoren): Die einen enthalten feine Kalziumcarbonatkristalle, die von der Schwerkraft nach unten gezogen werden. Sie stehen in Verbindung mit den Nervenfasern des Gleichgewichtsnervs. Der wiederum übermittelt die von den Kristallen ausgehenden Informationen den vestibulären Kernen

im Hirnstamm. Die anderen Rezeptoren sind in den Bogengängen des Innenohrs. Sie sind in verschiedenen Richtungen angeordnet – von oben nach unten, rechts nach links und von vorn nach hinten. Bei jeder Bewegung des Kopfes bleibt die Flüssigkeit in diesen Röhrchen etwas zurück. Dadurch wird ein Reiz auf einen Rezeptor in dem Röhrchen ausgelöst. Auch er wird den vestibulären Kernen »gesendet«: Geschwindigkeit und Richtung einer Bewegung werden so wahrgenommen, das heißt auch Beschleunigung und Verlangsamung. Dem sogenannten »vestibulären System« kommt eine ähnliche Bedeutung zu wie dem taktilen System. Jean Ayres weist darauf hin, wie wichtig auch dieser Sinn für das kindliche Gehirn ist, das durch ihn geordnet und gegliedert wird, wie folgenreich also auch eine ständige Stimulation ist, die von der Mutter ausgeht, wenn sie sich bewegt. Wenn sie spazierengeht oder arbeitet, hilft sie ihrem Kind, sich gut zu entwickeln, »klüger« zu werden. Jean Ayres empfiehlt darum schwangeren Frauen, viel zu schaukeln – beispielsweise in einem Schaukelstuhl.

Tastsinn und Gleichgewicht regen auch die Eigenwahrnehmung, die Propriozeption, an; das heißt, die Information, die der Fötus aus seinen Muskeln und Gelenken erhält. Für diese Eigenwahrnehmung entwickelt das Kind besondere innere »Antennen«, die sogenannten »Propriozeptoren« (*proprio* – eigen). Sie übermitteln dem Zentralnervensystem, welche Muskeln angespannt und welche entspannt sind, in welchem Winkel sich die Knochen an jedem Gelenk zueinander befinden, zum Beispiel, wenn der Fötus einen Arm oder ein Bein beugt. Drei Arten von Propriozeptoren helfen ihm dabei: Die einen umgeben die Gelenke und registrieren, wie stark und wie schnell sich diese bewegen. Andere Rezeptoren sitzen an den Stellen, an denen ein Muskel durch Bänder oder Sehnen mit dem Knochen verbunden ist. Sie melden Muskelkontraktionen oder -schlaffheit. Die dritte Art der inneren Antennen sind die sogenannten Muskelspindel-Rezeptoren. Sie winden sich spindelartig um Muskelfasern. Alle diese Rezeptoren helfen gemeinsam mit dem Gleichgewichtssystem, bestimmte Körperpositionen beizubehalten oder zu verändern.[16]

Tastsinn, Gleichgewichtssinn und Eigenwahrnehmung ermöglichen es also dem Kind, innerhalb seiner kleinen Welt einzelne Bewegungen auszuführen und gleichsam zu üben, seine Lage zu verändern, eine Körperhaltung einzunehmen und in ihr zu verharren. Unser Gehirn ist in erster Linie eine Verarbeitungsmaschine. Mehr als 80 Prozent eines ausgereiften Nervensystems sind an der Verarbeitung und Gliederung von unterschiedlichen Wahrnehmungen beteiligt. Diese Verarbeitung verschiedener Sinneswahrnehmungen ist ein äußerst komplizierter und komplexer Vorgang: Sein Ziel ist sozusagen eine verständliche Botschaft. Das Gehirn reagiert sofort darauf. Diese Reaktion wird an entsprechende Organe weitergegeben und zwar über sogenannte Motorneuronen. Das sind Nervenzellen. Wenn sie elektrische Impulse erhalten, veranlassen sie einen Muskel, sich zusammenzuziehen. Nun müssen aber zahlreiche solcher Muskelkontraktionen kombiniert werden, damit sich z. B. Finger oder Augen oder Kopf in einer sinnvollen Weise bewegen.

Was sich so einfach anhört, jede Bewegung – Greifen, Strecken, Saugen – ist aber ein sehr komplexes Geschehen: gleichzeitig nämlich ein sensorischer und ein motorischer Prozeß. Er benutzt sowohl bahnende – das heißt, den Informationsfluß zum Hirn erleichternde – als auch hemmende Kräfte, die die Zahl der unwichtigen Impulse reduzieren. Ohne ausreichende Hemmung würden sich sensorische Impulse »wie ein Steppenbrand« (Jean Ayres) durch das Nervensystem ausbreiten und nichts zustande bringen.[17] Bahnung und Hemmung sind darum sowohl für den Fötus, bei dem sich diese Prozesse erst entwickeln, als auch für das Kind und später den Erwachsenen gleich wichtig: Sie steuern jede – und sei es auch die kleinste – Bewegung

bzw. Handlung, ob man nun den Daumen in den Mund steckt, einen Bleistift in die Hand nimmt, Tennis spielt oder einen Fernsehapparat repariert.

Die Beobachtung der allerfrühesten Bewegungsmuster und -automatismen zeigt, was man noch vor einigen Jahren für unmöglich hielt: daß Funktionen schon da sind, bevor das Zentralnervensystem ausgereift ist. Das gleiche gilt für die Wahrnehmungsfähigkeit. Man muß sogar sagen, daß die Funktionen – also zum Beispiel Bewegung und Reaktion auf Reize – das Zentralnervensystem überhaupt erst ausbilden helfen. Sie leisten sozusagen »Entwicklungshilfe«. Dabei sind sie allerdings auf Synapsen angewiesen, ohne die das Netzwerk der funktionellen Verbindungen nicht hergestellt werden kann. Wir haben gesehen, daß erste Synapsen bereits im Alter von sieben Wochen auftreten.

Die neuen Erkenntnisse der Wissenschaft setzen sich so zu einem Mosaik zusammen, das uns in Staunen versetzt – die Natur ermöglicht einen wirklich wunderbar abgestimmten Ablauf der Entwicklung. Die Knochenbildung zwischen der achten und zwölften Woche, die dem wachsenden Körper den notwendigen Halt gibt, die Wahrnehmungs- und die Bewegungsentwicklung, die Synapsenbildung und die beginnende »Vernetzung« des Gehirns: alles paßt zusammen, alles greift ineinander.

Vor wenigen Jahren – und in einigen Bereichen bis gestern – verfügte die Wissenschaft noch nicht über diese Forschungsergebnisse. Sie mußte sich also ihr Bild anders zusammensetzen. Sie sah die Entwicklung nur in einer Richtung ablaufen: Die Gene, die Erbträger, allein ermöglichten nach der früheren Theorie eine Reifung der Hirnstruktur. Erst wenn dieser Prozeß abgeschlossen war, dachte man, konnte es Funktionen geben. Also:

Gene → Strukturreifung → Funktion.

Eine Hand konnte nach dieser Vorstellung also erst Greifbewegungen machen, wenn die Hirnstruktur, gesteuert vom individuellen gene-

Synapsen sind Kontaktstellen an Nervenfasern im Gehirn. Sie übermitteln mit Hilfe von chemischen Substanzen Nachrichten von Nervenzelle zu Nervenzelle.

Bereits der Fötus kann sinnvoll und kreativ handeln, zum Beispiel, wenn er seine Lage verändert oder einem schmerzvollen Druck ausweicht.

tischen Programm, reif war. Kein Wunder, daß man noch vor kurzem glaubte, das Neugeborene komme als unbeschriebenes Blatt auf die Welt.

Anders die neue Theorie, die nicht nur Milani-Comparetti, sondern auch der amerikanische Wissenschaftler Gilbert Gottlieb, Spezialist für Verhaltensembryologie, vorstellt:[18] Nach ihr bekommt das Gehirn ein ständiges Feedback durch Wahrnehmung und Bewegung des Kindes. Es ist das gleiche Prinzip, das für die Entwicklung des Eis zum Embryo gilt. Das genetisch programmierte artspezifische Verhalten wird dadurch erworben, daß der Fötus mit Umweltproblemen konfrontiert wird – zum Beispiel einem Druck, der auf den Mutterleib ausgeübt wird, oder einer Lageveränderung der Schwangeren. Das »Programm« sieht dafür eine Lösung vor. In diesem Fall heißt sie »Veränderung der Stellung«: Wenn dem Fötus sein Platz im Mutterleib nicht mehr »gefällt«, kann er seine Lage durch häufiges Strecken des Körpers verändern. Er kann es sich sozusagen schon gemütlich machen. Im Uterus ist im zweiten Schwangerschaftsdrittel noch soviel Platz, daß das Kind richtige Purzelbäume schlagen kann.

Man kann dieses Verhalten auch eine »Anpassungsreaktion« nennen. Bei solchen Reaktionen handelt der Fötus sozusagen kreativ und sinnvoll. Um das zu können, muß er Informationen, die sein Gehirn von den Empfindungsempfängern (Rezeptoren) erhält, ordnen. Dieser gesamte ineinandergreifende Prozeß hilft, sein Zentralnervensystem zu gliedern. Anders ausgedrückt, das Ungeborene benutzt also ein genetisches Programm, um mit einer Situation fertigzuwerden, und strukturiert damit sein Gehirn weiter. Gottlieb stellt fötale Entwicklung so dar:

Gene $\rightleftarrows$ Strukturreifung $\rightleftarrows$ Funktion (z. B. eine Streckung).[19]

Nur wenn man sich diesen Systemkreis oder besser diese Systemspirale verdeutlicht, versteht man, warum das Gehirn eines Neugeborenen bereits ein so hochentwickeltes Netzwerk aufweist. Man begreift auch, daß seine Wahrneh-

Je mehr der Fötus wahrnimmt, desto wichtiger wird für seine Entwicklung die Liebe des Vaters. Er kann nicht nur der Mutter und damit dem Ungeborenen die für beide notwendige Geborgenheit geben, sondern auch selber Kontakt zu seinem Kind aufnehmen, das schon früh seine Stimme hören kann.

mungsentwicklung so erstaunlich fortgeschritten ist, weil schon im Mutterleib alle Sinne funktionsfähig werden konnten. Das Kind ist damit für ein spezifisch menschliches Überleben ausgestattet. Es ist ausreichend gerüstet, um im »sozialen Uterus Familie« seine fötale Entwicklung fortzusetzen. »Readiness to be born«, Bereitschaft, geboren zu werden, nennt Milani-Comparetti[20] das Ziel dieser vielfältigen Vorbereitung auf das Leben, welches den Fötus »draußen« erwartet.

Das Neugeborene hat bereits im Mutterleib gelernt, Empfindungen seines Körpers zu deuten und darauf zu reagieren. Wenn ein Finger leicht über seine Wange streicht, dreht es seinen Kopf in Richtung der Hand. Seine Anpassungsreaktion (der sogenannte »Rooting-Reflex«) hilft ihm, die Nahrungsquelle, die Brustwarze, zu finden. Wenn nasse Windeln ihm Unbehagen bereiten, gibt es durch Schreien ein Signal. Wenn man sein Gesicht mit einem Tuch bedeckt, versucht es, sich mit Kopf- und Armbewegungen zu befreien. Aber vollkommen wird das Zusammenspiel aller Sinne mit allen Bewegungsmöglichkeiten erst funktionieren, wenn das Kind sieben Jahre alt, also lange auf der Welt ist.

Wenn wir uns klarmachen, daß Bewegung eine der frühesten Funktionen des Zentralnervensystems und auch ein Schlüssel zum Verständnis der geistigen Entwicklung ist und daß sie darüber hinaus in »Zusammenarbeit« mit den sich differenzierenden Wahrnehmungssystemen ein erstes Mittel wortloser Kommunikation darstellt, dann können wir ihre Bedeutung für die psychische und soziale Entwicklung des Kindes ermessen. Diese Verknüpfung zu erkennen, ist eine der unabdingbaren Voraussetzungen für das Verständnis des Fötus, des Neugeborenen und später des Kindes. Medizin und Psychologie haben diesen Zusammenhang erst in allerneuester Zeit entdeckt und beginnen gerade damit, ihn auch für die Behandlung gestörter Kinder nutzbar zu machen.

Erstaunlich, welche Fortschritte der Fötus zwischen der neunten und der zwölften Woche im Zusammenspiel seiner Fähigkeiten macht. Eine Berührung der Stirn läßt ihn jetzt bereits den Kopf wegdrehen, um die Störung zu vermeiden. Er kann dabei auch die Stirn in Falten legen und die Augenbrauen heben. Die Augen stehen noch weit auseinander, und die relativ tiefsitzenden Ohren beginnen erst allmählich nach oben zu wandern.

Der Kopf wächst jetzt nicht mehr so schnell wie der Körper, das Kind ist in der neunten Woche, vom Scheitel zum Steiß gemessen, fünf Zentimeter lang, in der zwölften Woche ist es bereits 8,7 Zentimeter lang und wiegt 45 Gramm. Die Proportionen des Fötus, der seinen Kopf nicht mehr so gebeugt hält wie der Embryo, werden immer babyähnlicher und das Gesicht wird immer hübscher.

Bei genauer Betrachtung sind die Geschlechtsorgane von Mädchen und Jungen von der zehnten, elften Woche an zu unterscheiden. Aus den beiden zunächst gleich aussehenden Geschlechtsfalten und einem Geschlechtshöcker, der Andeutung eines winzigen Penis, entwikkeln sich bei weiblichen Kindern die Vulva und die Klitoris, bei männlichen entstehen aus den Geschlechtsfalten das Skrotum, aus dem Höcker der Penis.

Die Arme haben bis zum Ende der zwölften Woche nahezu die proportionale Länge erreicht, die sie bei der Geburt haben werden, während die Beine noch relativ kurz und dünn sind. Das Kind beginnt in der zehnten Woche schon ziemlich »geschickt« mit seinen Armen und Händen umzugehen: Es kann Ellbogen und Handgelenke fast unabhängig voneinander bewegen und den Daumen in eine Stellung gegenüber den anderen Fingern bringen. Hier zeigen sich übrigens winzige, zarte Fingernägel.

Eine Berührung der Lippen läßt das Kind in der zwölften Woche die Oberlippe heben. Eine Art Lächeln erhellt dann das Gesicht, in Wahrheit ist es ein erster Saugreflex. Inzwischen ist nicht nur die Lippenregion, sondern auch der

Mund innen auf Saugen eingestellt: Die Gaumenplatte, die sich geschlossen hat, trennt Mund und Nase voneinander und ermöglicht dem Baby später, gleichzeitig zu essen und zu atmen. Die Saugmuskeln in den Wangen entwickeln sich kräftig, die Speicheldrüsen bilden sich, und der Geschmackssinn steht schon voll zur Verfügung. Daß dies alles so früh geschieht und, wie sich später zeigt, mit Daumenlutschen und Trinken auch eingeübt werden kann, erscheint besonders sinnvoll, wenn man sich klarmacht, welch kompliziertes Zusammenspiel notwendig ist, um Saugen, Schlucken, Atmen gleichzeitig zu ermöglichen. Das Baby hat nach der Geburt keine Zeit, diese Dinge zu erlernen, es muß sie sofort können.

Vorerst schluckt das Kind nur Amnionflüssigkeit und verwertet alle Stoffe, die darin enthalten sind. Mit dem Urin gibt es einen Teil der Flüssigkeit wieder ab. Das Fruchtwasser verunreinigt sich dadurch ebensowenig wie durch die späteren Darmausscheidungen. Es wird alle drei Stunden vollständig ausgetauscht. In der zehnten Woche beträgt sein Volumen ungefähr 30 Milliliter, es wird bis zur 37. Woche bis zu einem oder sogar anderthalb Litern zunehmen und sich dann wieder rasch verringern. Die Amnionflüssigkeit besteht zu 98 Prozent aus Wasser. Sie enthält Epithelzellen des Fötus und Nährstoffe wie Proteine, Kohlenhydrate, Fett, darüber hinaus auch Enzyme, Hormone und Pigmente.

Diese Flüssigkeit, in der der Fötus anfangs noch frei herumschwimmen kann – er ist ja nur durch den Nabelstrang mit dem Chorion verbunden –, hat ihre Bedeutung für die Entwicklung des Kindes. Der kanadische Embryologe Keith L. Moore[21] faßt ihre Funktionen so zusammen:

Sie ermöglicht erstens ein gleichmäßiges Wachstum; sie verhindert zweitens, daß das Kind mit der Fruchtblase verwächst; sie schützt es drittens gegen Stöße; sie fördert viertens die freie Beweglichkeit (die Schwerkraft wirkt im Wasser ja nicht so stark); und sie dient fünftens

mit ihrer verhältnismäßig konstanten Temperatur der Wärmeregulation.

Der vierte Monat beginnt und mit ihm einige wichtige Veränderungen im Leben des Fötus: Seine Nahrungsquelle, das Chorion, verwächst jetzt an der Seite, die mit dem Uterus verhaftet ist, mit der Schleimhaut der Gebärmutter zur Plazenta, dem Mutterkuchen. Der Fötus wird von nun an durch die Plazenta (die im vierten Monat etwa acht Zentimeter dick ist) sowohl mit Sauerstoff als auch mit Nahrungsstoffen versorgt. Sein Kreislauf transportiert sauerstoffarmes Blut durch die Nabelschnurarterien in das ausgedehnte (Kapillar-)Netz feiner Blutgefäße, die sich in den ehemaligen Chorionzotten verästeln. Das Blut des Fötus fließt hier sozusagen am mütterlichen Blut vorbei, wird von ihm umspült, vermischt sich aber nicht mit ihm, und gelangt dann, inzwischen mit 80 Prozent Sauerstoff angereichert, durch die Nabelschnurvene zum Kind zurück. Bei diesem Vorgang werden Stoffwechselschlacken aus dem Blut des Ungeborenen herausgefiltert.

Nahrungsstoffe und Globuline (Abwehrstoffe) dringen über das Gewebe der Plazenta durch die kindlichen Gefäßwände. Dabei gelangen auch schädliche Substanzen, Gifte, Drogen, Krankheitskeime zum Fötus. Das kann dazu führen, daß ein Neugeborenes bereits drogensüchtig ist. Die Plazenta filtert nur ganz wenige dieser Substanzen heraus, z. B. solche, deren Moleküle besonders groß sind. Der früher gebräuchliche Ausdruck »Plazentaschranke« ist nach dem heutigen Wissensstand nicht mehr zutreffend.

Die Verbindung zwischen dem Kind und der Plazenta ist die Nabelschnur. Sie hat sich aus embryonalen Zellen entwickelt und wächst mit dem Fötus. Bei der Geburt ist sie bis zu 60 cm lang und hat einen Durchmesser von ein bis zwei Zentimetern. Wenn sie Knoten bildet und sich um den Hals des Fötus schlingt, kann sie für ihn zur Gefahr werden.

Der Körper des inzwischen 16 Zentimeter

Früher glaubte man, die Plazenta filtere Giftstoffe aus dem mütterlichen Stoffwechsel heraus. Diese Annahme hat sich als ein Irrtum erwiesen.

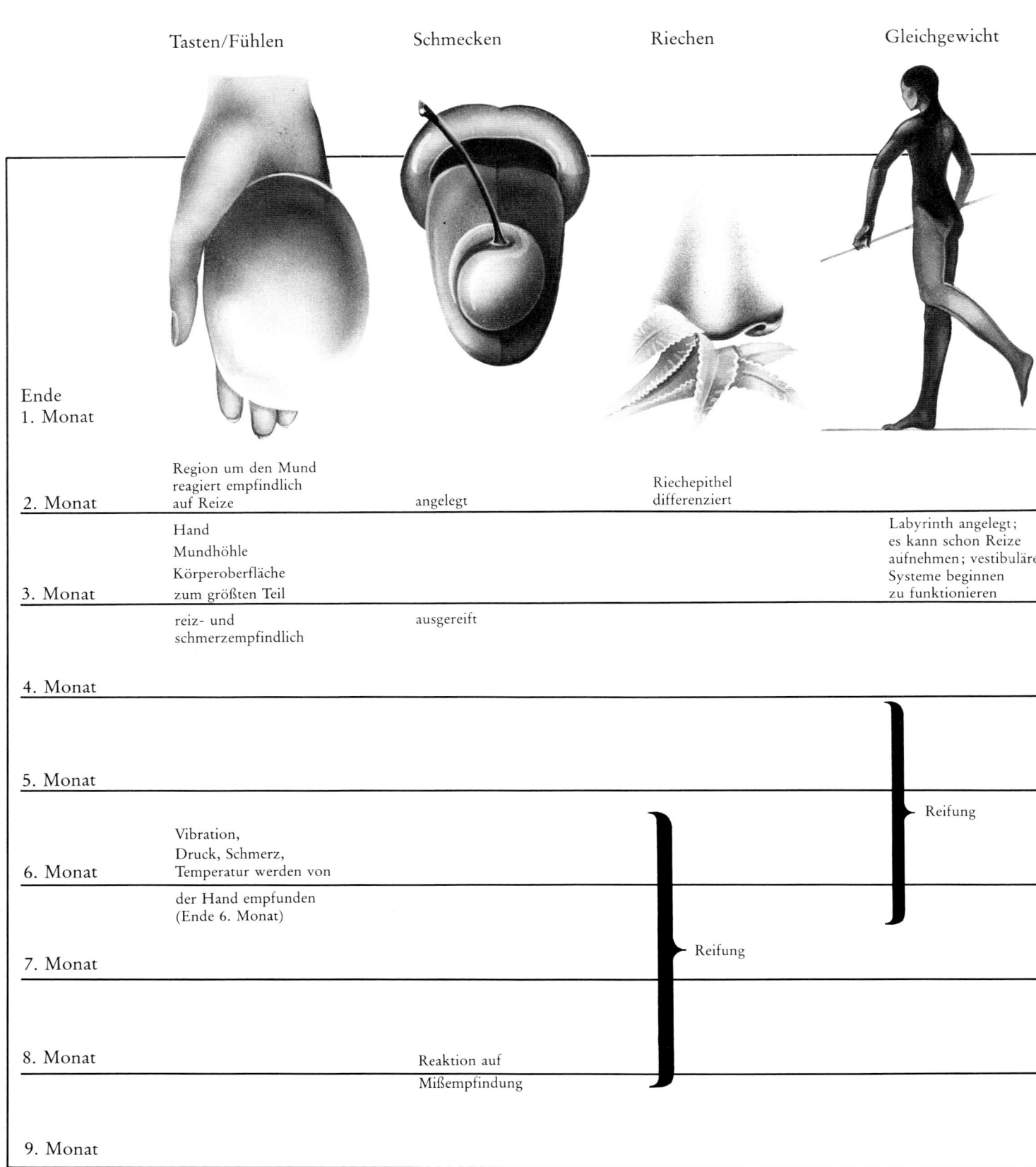

	Tasten/Fühlen	Schmecken	Riechen	Gleichgewicht
Ende 1. Monat				
2. Monat	Region um den Mund reagiert empfindlich auf Reize	angelegt	Riechepithel differenziert	
3. Monat	Hand Mundhöhle Körperoberfläche zum größten Teil reiz- und schmerzempfindlich	ausgereift		Labyrinth angelegt; es kann schon Reize aufnehmen; vestibuläre Systeme beginnen zu funktionieren
4. Monat				
5. Monat				
6. Monat	Vibration, Druck, Schmerz, Temperatur werden von der Hand empfunden (Ende 6. Monat)			Reifung
7. Monat			Reifung	
8. Monat		Reaktion auf Mißempfindung		
9. Monat				

Hören   Sehen

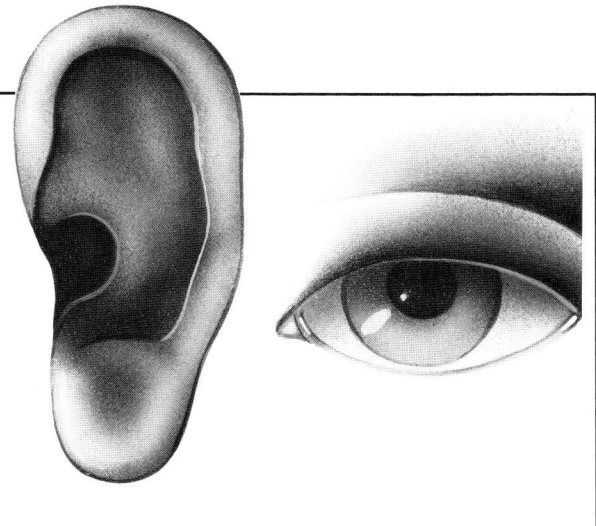

Schneckenwindungen
angelegt

weitere Differenzierung

Sehstäbchen
differenziert

alle Strukturen reif

Reaktionen auf äußere
Schallreize

Aufnahme
von Lichtreizen
vollständig

großen Kindes beginnt jetzt als eigenständiges (wenn auch vom mütterlichen Organismus abhängiges) System zu funktionieren. Auch sein Kreislauf ist ein geschlossenes System. Im vierten Monat pumpt das Herz des Fötus 30 Liter Blut am Tag – bei der Geburt werden es 350 Liter sein. Eine der wesentlichen Neuerrungenschaften des Kindes ist, daß es eine innere Eigenregulation, eine Homöostase entwickelt: Das heißt, sein Körper kann schon selber Stoffwechselprobleme, ja sogar richtige Notsituationen, denen es durch die Mutter ausgesetzt ist, ausgleichen und bewältigen, beispielsweise, wenn sie raucht, krank ist, Medikamente nimmt oder sich überanstrengt. Das Kind hat also von nun an die Fähigkeit und Tendenz, sein inneres Gleichgewicht immer wieder herzustellen. Zu den Bewegungsreaktionen auf Wahrnehmungsreize ist also eine neue Fähigkeit der Anpassung an die Umwelt hinzugekommen. Ivan Milaković von der Psychiatrischen Universitätsklinik Sarajewo (Jugoslawien) sieht darin die ersten Versuche, mit Unlust und sogar mit Frustrationen fertigzuwerden.[22] Der Fötus reguliert sein Wohlbefinden ja auch schon durch Trinken.

Das Kind im Mutterleib kann zwar sein inneres Gleichgewicht weitgehend selber steuern, aber es kann nicht alles ausgleichen. Machtlos ist es gegen Sauerstoffmangel, wenn es zum Beispiel von der Plazenta nicht genügend versorgt wird. Machtlos ist es auch gegenüber Krankheitskeimen, zum Beispiel wenn sich die Mutter mit Toxoplasmose infiziert. Es ist auch machtlos, wenn es durch eine Erbanlage in seiner Entwicklung gestört wird oder durch eine Einwirkung von Schadstoffen in der Embryonalzeit Fehlbildungen erlitten hat.

Um das Kind bereits im Mutterleib zu untersuchen, stehen dem Arzt mehrere Mittel zur Verfügung:

1. Vor allem der Ultraschall. Mit seiner Hilfe kann ein geschulter Gynäkologe – viele Ärzte sind allerdings nicht ausreichend dafür ausgebildet – sehr viel über den Zustand des Kindes

Der Fötus kann bereits sein eigenes inneres Gleichgewicht steuern. Diese Eigenregulation nenne man Homöostase.

Die Regelmäßigkeit und Schnelligkeit des Herzschlags geben dem Arzt ebenso wie die Kraft der Bewegungen Aufschlüsse über die Vitalität des Kindes.

erfahren: Er kann an Hand der Bewegungen und der Herzaktion die Vitalität des Kindes einschätzen; er sieht, ob ein Kind oder mehrere auf die Welt kommen werden; er kann Entwicklungsstörungen erkennen; er kann das Reifungsalter des Kindes besser bestimmen als durch die Berechnung der letzten Regelblutung der Frau, und er kann auch feststellen, ob der Fötus in seiner Entwicklung diesem Alter entspricht oder ob er durch eine Plazentainsuffizienz (Unterversorgung durch die Plazenta) zu klein ist. Der Arzt sieht ebenfalls, ob Blutungen im Mutterleib stattgefunden haben und wie die Plazenta liegt. Er möchte aber vor allem wissen, wie das Kind liegt. Bei einer Ultraschalluntersuchung wird darum immer die Schädellage des Fötus geprüft. Das ist vor allem in den letzten Wochen vor der Geburt wichtig.

Gemessen wird der Schädeldurchmesser von Schläfe zu Schläfe (das ist der sogenannte biparietale Durchmesser); er gibt Auskunft über das Reifestadium des Gehirns. Wenn er in Bezug zur Größe des Körpers gesetzt wird, erfährt der Arzt, ob die Hirnentwicklung altersgemäß oder in irgendeiner Weise gestört ist. Der Kopfdurchmesser von vorn nach hinten ist von Kind zu Kind unterschiedlich – manche Föten haben rundere, andere länglichere Köpfe –, er gibt dem untersuchenden Arzt daher wenig Aufschlüsse. Auch der Brust-(Thorax-)durchmesser wird gemessen und zwar an seiner größten Stelle, unterhalb der Herzspitze. Gleichzeitig prüft der Arzt die Herztätigkeit: Wie kräftig, wie schnell, wie regelmäßig schlägt es?

Wenn der Arzt nach möglichen Fehlbildungen sucht, schaut er sich nicht nur Arme und Beine genau an, sondern auch die Wirbelsäule und zwar besonders im Bereich des Nackens.

2. Ein zweites Mittel, möglichen Störungen auf die Spur zu kommen, ist eine Hormonanalyse des mütterlichen Bluts. Sie kann dem Arzt Auskunft darüber geben, ob eine Fehlgeburt droht oder ob die Schwangerschaft intakt ist.

3. Die Fötoskopie ist eine dritte Untersu-

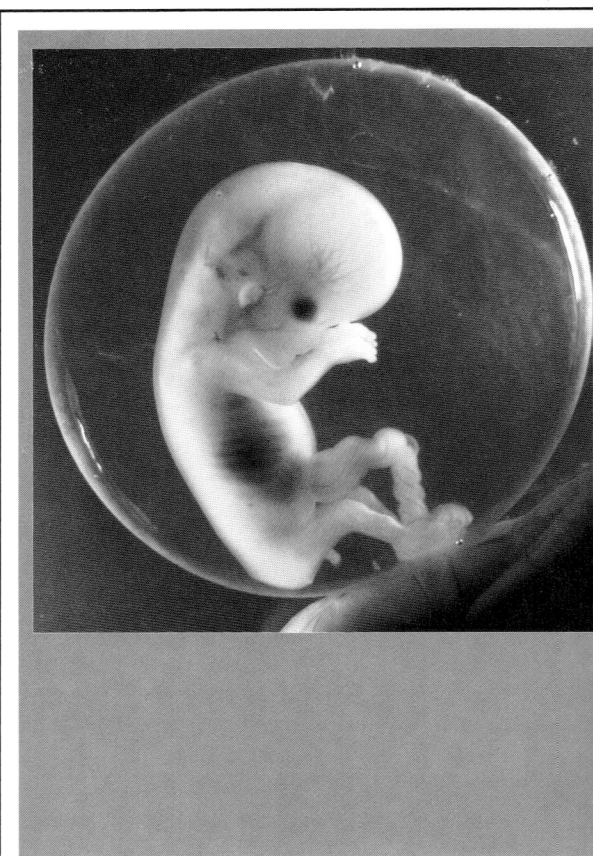

Foto eines zwölf Wochen alten Fötus

Der Ultraschall ist eines der wichtigsten Hilfsmittel, um die Entwicklung des Kindes im Mutterleib zu verfolgen und um eine Schwangerschaft frühzeitig festzustellen. Sobald das Herz schlägt, also vom 21. Tag nach der Zeugung an, läßt sich das Pulsieren beobachten. Die Regelmäßigkeit und Stärke des Herzschlags ist ebenso wie später die Bewegungen des Kindes ein wichtiger Hinweis für seine Vitalität. Der Arzt kann auch erkennen, ob ein Kind oder mehrere auf die Welt kommen werden. Er kann das Reifungsalter des Kindes bestimmen und feststellen, ob der Fötus in seiner Entwicklung

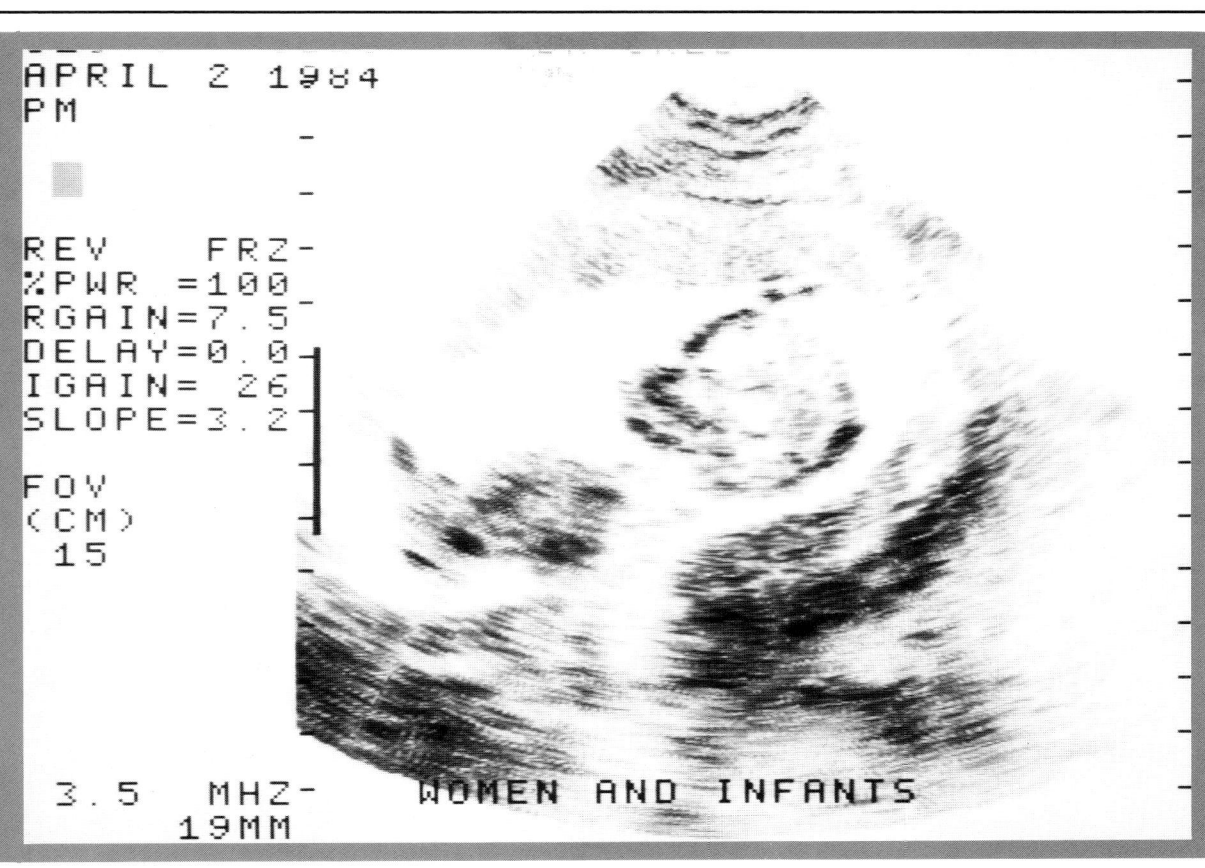

APRIL 2 1984
PM

REV   FRZ
%PWR =100
RGAIN=7.5
DELAY=0.0
IGAIN= 26
SLOPE=3.2

FOV
(CM)
15

3.5 MHZ
19MM

WOMEN AND INFANTS

Ultraschallbild eines zwölf Wochen alten Fötus

Neben dem Ultraschall stehen dem Arzt noch andere Untersuchungsmöglichkeiten zur Verfügung, um irgendwelche Störungen aufzuspüren: die Hormonanalyse des mütterlichen Bluts, die Fötoskopie (eine direkte Beobachtung des Kindes) und die Fruchtwasseruntersuchung.

Ein Blick in den Mutterleib

diesem Alter entspricht oder ob er aufgrund einer Unterversorgung durch die Plazenta zu klein ist. Er sieht, ob alle Gliedmaßen gut ausgebildet sind, und er beobachtet die Wirbelsäule genau, um mögliche Fehlbildungen zu entdecken. In den letzten Wochen vor der Geburt möchte der Gynäkologe vor allem wissen, wie der Kopf des Kindes liegt. Unser Foto zeigt das Ultraschallbild eines zwölfeinhalb Wochen alten Fötus. Die Spitze des Bildkegels stellt die Bauchwand der Mutter, die untere breite Seite ihren Rücken dar. Das Kind liegt hier also mit seinem Rücken am Rücken der Mutter. Man

erkennt sein Profil (mit der kleinen, bereits ausgeprägten Nase), den Rumpf, die Arme, die leicht angewinkelten Beine. Über das Reifestadium des Gehirns gibt der Schädeldurchmesser von Schläfe zu Schläfe Auskunft. Hier beträgt er 26 mm, während der Brustdurchmesser an seiner größten Stelle, unterhalb des Herzens, nur 24 mm beträgt. Vom Scheitel zum Steiß gemessen, ist das Kind jetzt etwa neun cm groß. In der Fruchtblase hat es ausreichend Platz, sich zu bewegen (linkes Bild). Seine Mutter nimmt aber zu diesem Zeitpunkt seine zarten Regungen noch nicht wahr.

Der Ablauf der Entwicklung vom Embryo zum Fötus zeigt in den ersten Wochen den Vorrang des Zentralnervensystems. Bei dem sechs Wochen alten Embryo (links) sind deutlich das Neuralrohr (später die Wirbelsäule mit dem Rückenmark) und das Gehirn mit einer Einkerbung am Nacken zu erkennen. Teile des Chorion (vgl. Seite 18), liegen hier unter dem Embryo. In der achten bis neunten Woche füllen Herz und Leber den ganzen Brustraum aus (unten links). Das Herz sorgt für die gute Durchblutung des Gehirns, das von einem besonders dichten Adernetz versorgt wird (oben). In diesem Stadium beginnt der Embryo, der im Schutz seiner Fruchtblase schwebt, schon für Berührungsreize empfindsam zu werden. Einige Wochen später sieht der nun elf bis zwölf Wochen alte Fötus schon wie ein Baby aus, und sein Geschlecht ist deutlich zu erkennen. Der Dottersack (das kleine runde Bläschen) hat der frühen Blutbildung des Embryo gedient. Er verschwindet nach und nach.

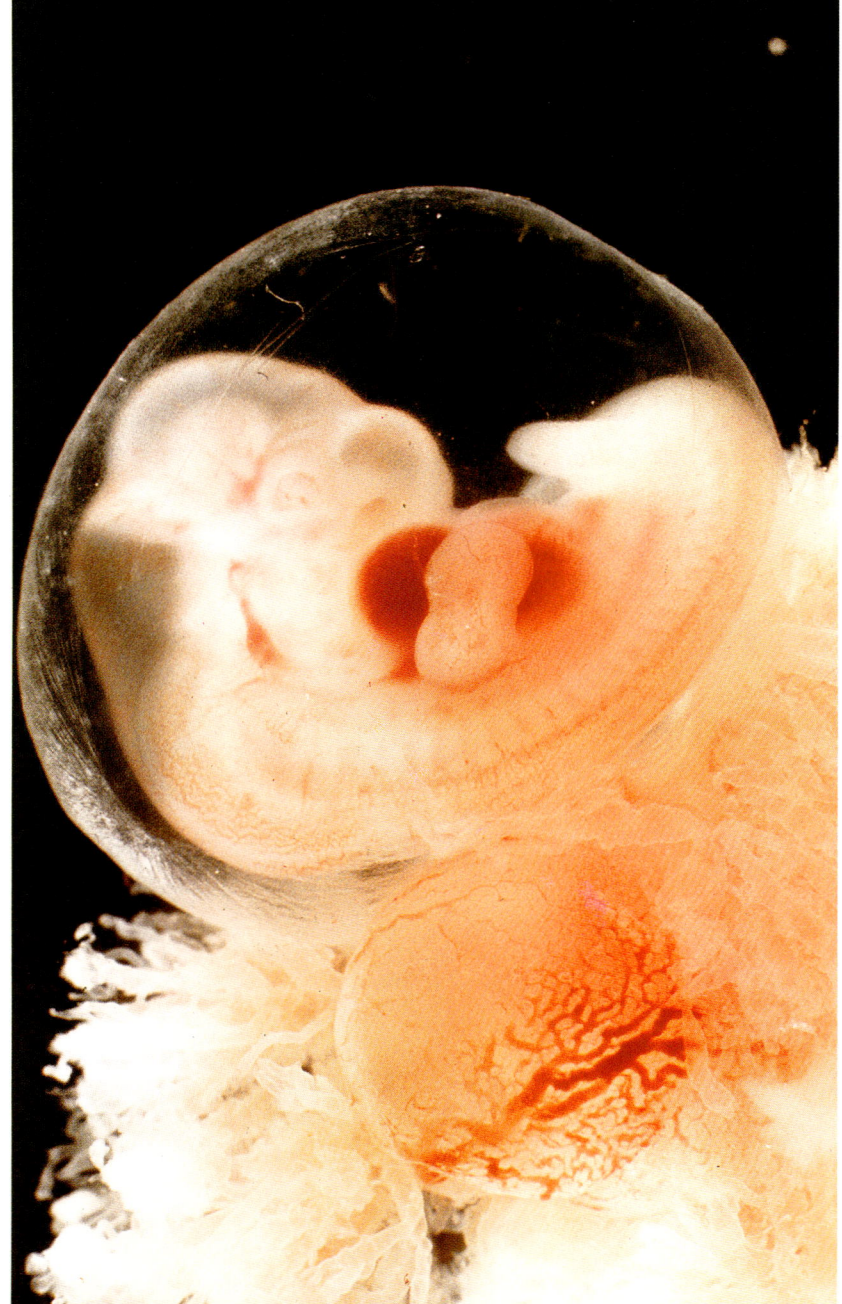

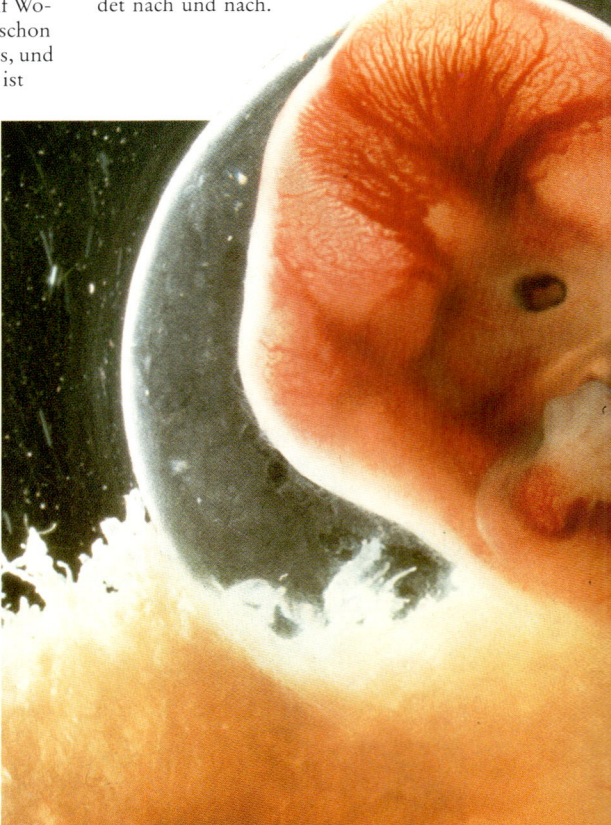

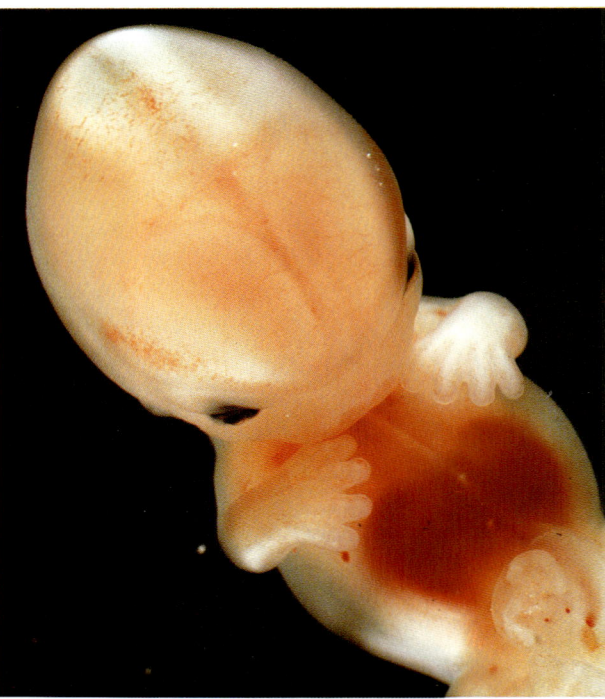

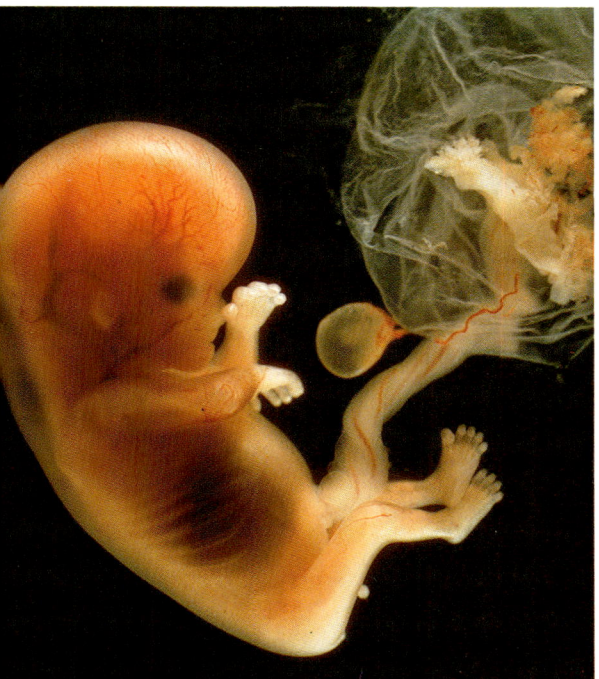

chungsmöglichkeit. Diese Methode erlaubt es dem Arzt mit Hilfe einer durch die Bauchdecke der Mutter eingeführten Sonde, das Kind direkt zu beobachten. Sie wird aber immer weniger angewendet, da sie für den Fötus gefährlich ist und da der Ultraschall bereits eine recht genaue Untersuchung erlaubt.

4. Eine besondere Bedeutung hat heute die Fruchtwasseruntersuchung, die sogenannte Amniozentese. Sie kann erst von der 16. Schwangerschaftswoche an vorgenommen werden. Bei dieser Untersuchung wird Fruchtwasser mit den darin herumschwimmenden fötalen Zellen und Proteinen entnommen, indem man eine Sonde durch den Mutterleib in die Fruchtblase einführt. Der Fötus zeigt dabei heftige Abwehrreaktionen, besonders wenn er von der Sonde berührt wird. Er ist zu diesem Zeitpunkt ja bereits hochempfindlich für Schmerz.

Mit den so erhaltenen Zellen wird eine Zellkultur angelegt; sie verschafft dem Arzt und der Mutter nach rund drei Wochen Klarheit darüber, ob das Kind eine Chromosomenanomalie – häufigste unter ihnen das Downsyndrom, die sogenannte Trisomie 21 (Mongolismus) – aufweist. Ein Anstieg sogenannter Alphafetoproteine, die im Fruchtwasser, aber auch im mütterlichen Blut festgestellt werden können, weisen darauf hin, daß das Kind an den Folgen eines in der Embryonalzeit entstandenen Defekts des Neuralrohrs leidet, an einem »offenen Rücken« (Spina bifida) oder einer Gehirnmißbildung; geschlossene, von Haut verdeckte Defekte dagegen lassen sich so nicht herausfinden. Das Kind ist, wenn das Untersuchungsergebnis vorliegt, 19 Wochen, und wenn eine Untersuchung wiederholt werden muß, bereits 21 bis 22 Wochen alt.

Die Amniozentese ist im Laufe der letzten Jahre regelrecht in Mode gekommen, weil viele Frauen glauben, damit das Risiko, ein behindertes Kind zu bekommen, vermeiden zu können. Dies ist leider ein Irrtum. Die beiden bei dieser Untersuchung feststellbaren Behinderungsgrup-

Bei der Amniozentese wird mit einer Sonde Fruchtwasser entnommen. Der Arzt kontrolliert diesen Vorgang mit Ultraschall. Dabei kann er die heftigen Abwehrreaktionen des Fötus beobachten.

Mit der Fruchtwasseruntersuchung lassen sich nur einige Entwicklungsstörungen herausfinden.

Die Risiken für ein Frühgeborenes, ohne Entwicklungsstörungen außerhalb des Mutterleibs zu überleben, sind um so größer, je geringer das Reifungsalter des Kindes ist.

pen machen nur einen geringen Teil der möglichen Schädigungen eines Kindes aus. Denn leider kommen viel mehr Kinder mit irgendwelchen – leichten bis schweren – Defekten zur Welt. Ein großer Teil dieser Schädigungen tritt erst am Ende der Schwangerschaft, kurz vor oder während der Geburt auf. Einige machen sich erst im Kleinkind- oder Schulalter bemerkbar.

Die Untersuchung bedeutet überdies eine Gefahr für das Kind: Bei sachkundiger Ausführung muß man mit einer Fehlgeburt auf 100 Untersuchungen rechnen. Bei nicht optimaler Ausführung sind fünf von 100 – meist gesunden – Föten dabei in Lebensgefahr. Die Wahrscheinlichkeit, daß ein Kind einen Chromosomenschaden hat, liegt bei einer 35 Jahre alten Mutter bei einem Prozent, bei einer 40jährigen bei zweieinhalb Prozent. Darum rechtfertigt nur eine strenge Indikation diesen Eingriff. Dr. Hans-Jürgen Kitschke von der Universitätsklinik Hamburg sieht eine solche Indikation in folgenden Fällen: Wenn die Mutter über 35 Jahre alt ist, wenn sie bereits ein behindertes Kind hat, wenn in der Familie der Frau oder des Mannes eine Erbkrankheit aufgetreten ist, wenn sie bestimmte Medikamente genommen hat oder in der Frühschwangerschaft röntgenologisch untersucht worden ist und schließlich, wenn die Schwangere übermäßige Angst hat.

Ein großer Fortschritt gegenüber der Amniozentese mit ihrer Belastung für die Mutter und der Gefahr für das Kind kann eine neue Methode werden, die seit einiger Zeit in Amerika und England erprobt wird: Bei ihr entnimmt der Arzt unter Ultraschallbeobachtung durch den Muttermund eine Gewebeprobe aus dem Chorion. Er kann damit schon in der achten oder neunten Woche der Schwangerschaft die gleichen Anomalien wie bei der Amniozentese diagnostizieren. Darüber hinaus lassen sich mit dieser frühen und schonenden Untersuchung noch andere Störungen erkennen: Bluterkrankheiten und vor allem Stoffwechselerkrankungen, die

dann durch eine Diät der Mutter noch während der Schwangerschaft behandelt werden können. Leider ist diese Methode noch nicht lange genug erprobt, um – ohne Infektionsgefahr zum Beispiel – angewendet zu werden.

Die Behandlung des Kindes ist allerdings nur in den wenigsten Fällen eine Konsequenz aller dieser Diagnosemethoden. Bei Feststellung einer Anomalie werden Ärzte und auch Familien mit der Frage »Abbruch, ja oder nein« vor eine ungeheure Entscheidung gestellt, von der das Leben des Kindes abhängt. Oft wird sie durch besondere Umstände noch erschwert: Wie soll entschieden werden, wenn die Untersuchung ergibt, daß bei einer Zwillingsschwangerschaft eines der Kinder mongoloid und das andere normal ist? Und wie soll sich der Arzt verhalten, wenn bei einer Abtreibung in der 22. Woche ein Kind zur Welt kommt, das Laute von sich gibt und sich bewegt? Er ist ja eigentlich verpflichtet, zu versuchen, ein lebendgeborenes Kind mit allen zur Verfügung stehenden Mitteln zu retten.

In Bochum ist Ende des Jahres 1983 ein Kind in der 22. Reifungswoche zur Welt gekommen. Das kleine Mädchen wog 680 Gramm und war 28 Zentimeter groß. Ein vorzeitiger Blasensprung und dann einsetzende Wehen hatten die Geburt ausgelöst. Der Geburtshelfer schützte das zarte Köpfchen mit einem Spekulum vor dem Druck, dem jedes Kind bei Verlassen des Mutterleibs ausgesetzt ist. Während und auch nach der Geburt blieben die Herztöne des Babys normal. »Es schnappte ein paarmal nach Luft«, berichtete der Arzt und mußte dann künstlich beatmet werden. Eine Operation an der Lunge ließ sich nicht umgehen. Zum Zeitpunkt, da diese Zeilen in den Druck gingen, war das kleine Mädchen sechs Monate (aber eigentlich wäre es erst einen Monat) alt, wog 3600 Gramm und konnte ohne irgendwelche erkennbaren Störungen zu seinen Eltern entlassen werden. Dies ist ein außerordentlich seltener Fall. Der Fortschritt der modernen Geburtshilfe und Frühgeborenenmedizin verlegt die Grenzen der Lebensfähigkeit immer weiter zurück. Man darf allerdings nicht vergessen: Die Risiken des Kindes, ohne alle Entwicklungsstörungen außerhalb des Mutterleibes heranzuwachsen, sind nach wie vor um so größer, je geringer sein Reifungsalter bei der Geburt ist. Bisher galt die 26. Woche in Deutschland als der früheste Zeitpunkt, an dem man einen vorzeitig zur Welt gekommenen Fötus am Leben erhalten konnte. Aber nur wenige Kliniken verfügen über Einrichtungen, die solche lebensrettenden Maßnahmen erlauben.

Die Abtreibung nach einer Amniozentese darf bei medizinischer Indikation bis zum Ende der 22. Woche vorgenommen werden; wenn das Leben der Mutter gefährdet ist, auch später.

Abtreibungen sind zu diesem Zeitpunkt schon richtige Geburten. Sie werden durch wehenerzeugende Hormone, Prostaglandine, ausgelöst. In der 22. Woche ist das Kind 30 Zentimeter groß und wiegt rund 630 Gramm.

Das zweite Drittel der menschlichen Entwicklung im Mutterleib – eine Zeit raschen Fortschritts bis an die Grenze der Lebensfähigkeit draußen: Das kleine Herz schlägt im fünften Monat schon kräftig und so laut, daß man es mit einem Stethoskop durch den Mutterleib hören kann. Ebenso kräftig sind die Bewegungen des Kindes, die jetzt endlich von der Mutter wahrgenommen werden. Kopfhaare und Wimpern wachsen, der Körper ist von einer fettigen Schicht bedeckt, die die zarte Haut schützt.

Das Baby beginnt im Dämmerlicht des Mutterleibs auch schon gelegentlich zu schlafen. Dabei paßt es sich nach und nach weitgehend seiner Mutter an und übernimmt ihren Tag- und Nacht-Rhythmus. Babys von Nachtarbeiterinnen schlafen wie ihre Mütter tagsüber. Der Schlaf hat allerdings noch eine andere Qualität als der des Säuglings. Ob der Fötus auch träumt und wie der Stoff sein mag, aus dem seine Träume sind, werden wir in der letzten seiner Entwicklungsphasen vor der Geburt sehen. Vorweggenommen sei nur soviel: Er träumt.

Der Fötus beginnt nach und nach Schlaf- und Wachrhythmen zu entwickeln. Dabei paßt er sich weitgehend seiner Mutter an.

Der Fötus, hier 17 Wochen alt, wächst sich immer mehr zu einer endgültigen Gestalt aus. Das neugeborene Kind wird nur wenig anders aussehen. Fettgewebe und Haare werden hinzukommen, so daß die Blutgefäße nicht mehr durch die Haut schimmern. Nach und nach wird es eng im Mutterleib. Der Fötus kann sich nicht mehr so viel bewegen, aber seine Wahrnehmungen – Fühlen, Gleichgewicht, Riechen, Schmecken und auch schon Sehen, lassen ihn die frühen Fähigkeiten seines Gehirns um so mehr nutzen. Er nimmt auf, was mit ihm geschieht und verarbeitet mit seinem sich rasch differenzierenden Zentralnervensystem jetzt ungeheuer viel. Er lernt sozusagen schon, paßt sein Verhalten bereits seinen angenehmen oder unangenehmen Erfahrungen an und bereitet sich damit auf seine Befreiung aus der schützenden Höhle des Mutterleibes vor. Das Ungeborene beginnt auch Schlaf-Wach-Rhythmen auszubilden. Und es träumt bereits.

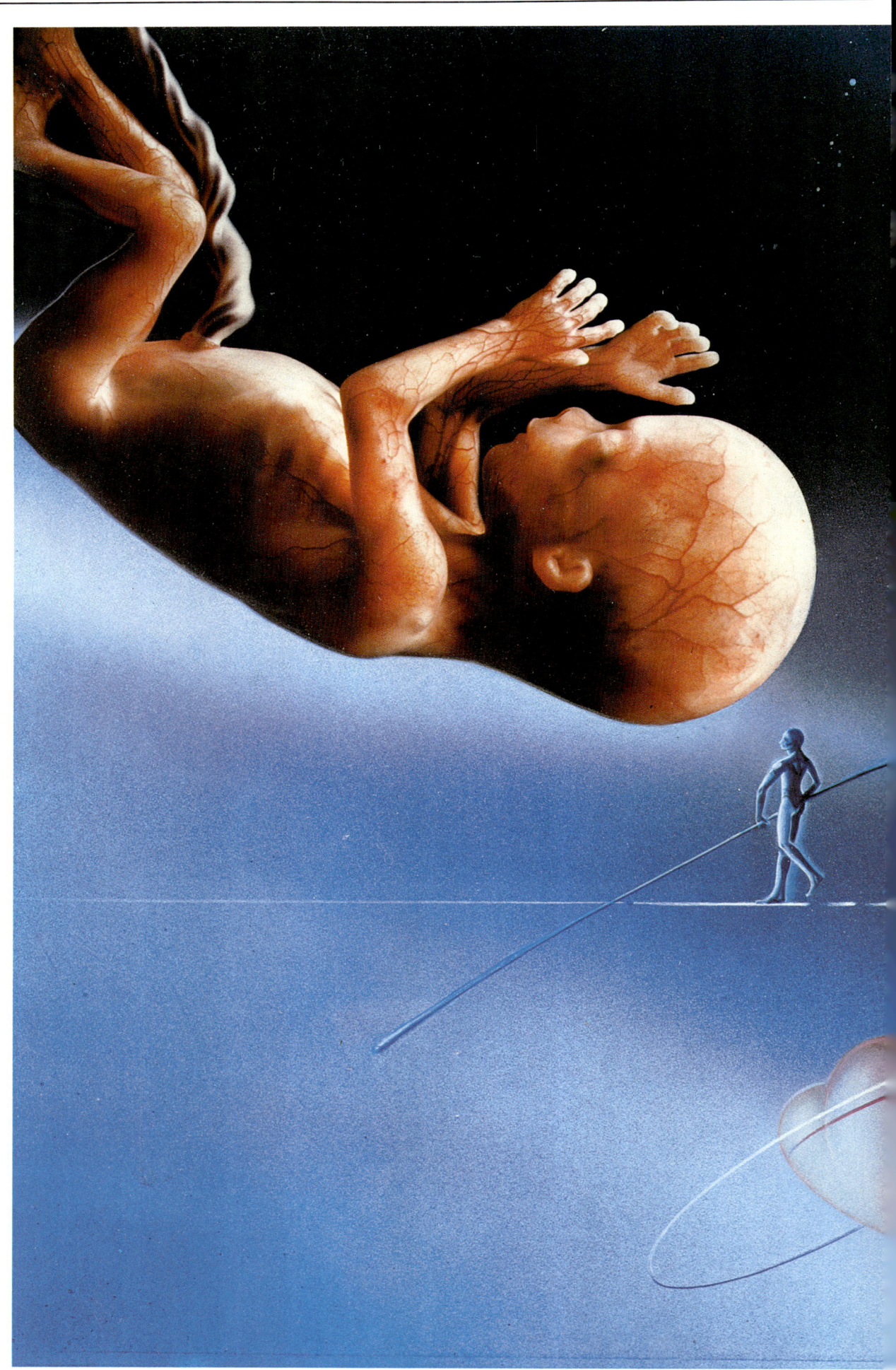

Alter in Wochen	Größe in cm*	Gewicht in g	Entwicklung
9	5	8	Die Augen des Fötus schließen sich. Der Kopf wird runder, er macht noch fast die Hälfte der gesamten Größe des Kindes aus. Die Region um den Mund wird empfindlich für Berührungsreize. Der Fötus reagiert mit Bewegungen des ganzen Körpers.
10	6,1	14	Hand, Fußsohle und nach und nach die ganze Körperoberfläche werden empfindlich für Berührungsreize. Das Kind kann eine Faust machen, es kann sogar Ellbogen und Handgelenk unabhängig voneinander bewegen. Der Gleichgewichtssinn beginnt zu funktionieren. Das Geschlecht des Kindes wird erkennbar.
12	8,7	45	Das Geschlecht ist eindeutig zu bestimmen. Die Knochenbildung, die bereits am Ende der Embryonalzeit beginnt, schreitet weiter fort. Der Gaumen schließt sich. Erste Saugreflexe. Der Fötus kann schlucken und schmecken.
14	12	110	Der Geschmackssinn ist ausgereift. Der Gleichgewichtssinn vervollkommnet sich. Das Gehör entwickelt sich. Das Chorion ist mit der Uterusschleimhaut zur Plazenta zusammengewachsen. Das Herz pumpt 30 Liter Blut am Tag.
16	14	200	Die Knochenbildung ist weit fortgeschritten. Das Skelett ist auf einem Röntgenbildschirm gut zu erkennen. Auch das Muster der Kopfbehaarung beginnt schon sichtbar zu werden. Der Kopf ist im Vergleich zur 12. Woche jetzt schon deutlich kleiner im Verhältnis zum Körper.
18	16	320	Die sogenannte Vernix caseosa ist ausgebildet, eine weißliche Fettschicht, die die zarte Haut des Kindes vor der Amnionflüssigkeit schützt.
20	19	460	Das Kind bekommt jetzt Augenbrauen und Haare. Beginn der sogenannten Markscheidenbildung im Gehirn. Kindliche Bewegungen werden von der Mutter wahrgenommen.
22	21	630	Bisher frühester Zeitpunkt, an dem ein zu früh geborenes Kind am Leben erhalten werden kann.

* Scheitel-Steißlänge

In den letzten Monaten im Mutterleib bereitet sich der Fötus immer mehr auf sein Leben draußen vor. Er kann sich in seiner Enge zwar nicht mehr so viel bewegen, weil er in dieser Zeit noch stark wächst, aber er verarbeitet innerlich um so mehr Erlebnisse. Erfahrungen werden schon ein wenig gespeichert, geordnet, überprüft und in »selbständiges« Verhalten umgesetzt. In gewisser Weise lernt das Kind jetzt schon. Sein Gehirn ist für eine solche Verarbeitung bereit: Es hat in den Wochen vor der Geburt sehr feine Strukturen entwickelt, das heißt, es gibt bereits eine Art Vernetzung. Immer enger wird der seelische Kontakt zur Mutter. Die Sinne reifen aus, auch der letzte wird nun funktionsfähig: Das Kind kann sehen.

Ich habe das Gefühl, mit rundem Rücken und eingezogenen Armen im braunroten Halbdunkel des Mutterleibs zu sein. Merkwürdigerweise herrscht dort ein ziemlicher Lärm«.[23]

Der Traum eines erwachsenen Menschen. Gibt er nur wieder, wie sich jemand die Situation vor der Geburt vorstellt oder schildert er eine Art Erinnerung an eine reale Erfahrung?

Eine Frau berichtet, daß sie während der letzten Monate ihrer Schwangerschaft täglich eine verkehrsreiche sechsspurige Straße überqueren mußte und mehrmals Unfälle miterlebte. Als ihr Kind geboren war, verhielt es sich bis weit in die ersten Lebensjahre hinein ungewöhnlich schreckhaft, wenn in seiner Nähe Bremsen quietschten.

Eine andere Frau, deren Schwangerschaft zwanzig Jahre zurückliegt, erinnert sich, daß sie während jener Monate oft stundenlang täglich die Beatles hörte. Ihr Kind, mittlerweile 20 Jahre alt, zeigte nicht nur während der gesamten Kindheit höchste freudige Erregung, wenn es die Beatles hörte, es ist auch heute noch nicht von seiner Vorliebe abzubringen.

Wir wissen, daß das Kind im Mutterleib hört, wie wir erfahren haben, sogar schon ziemlich früh. Wir wissen auch, daß es seine enge Umwelt in vielfältiger Weise wahrnimmt. Daß es wirkli-che Erinnerungen an diese Zeit gibt, bleibt zwar nach dem neuesten Wissensstand immer noch unerklärlich, wird aber durch viele Indizien nahegelegt. Sicher ist jedoch, daß im letzten Entwicklungsdrittel vor der Geburt das Zentralnervensystem schon so weit ausgereift ist, daß wir von echtem Erleben sprechen können. Wie es »behalten« wird, läßt sich dagegen nur vermuten: Man kann davon ausgehen, daß häufig wiederholte und langanhaltende Erlebnisse von dem bereits weitgehend mit Synapsen und Dendriten vernetzten Gehirn registriert und gespeichert werden, zumal sich von der 20. Woche an bis zur Geburt schon sogenannte Markscheiden bilden.

Die Markscheidenbildung (Myelinisierung) ist ein für die Funktionen des Gehirns äußerst wichtiger Vorgang. Dabei werden die Fortsätze (Axone) von Nervenzellen von (nach ihrem Entdecker benannten) Schwannschen Zellen regelrecht umwickelt – wie bei der Isolierung einer elektrischen Leitung. Auf diese Weise entsteht eine größere Stabilität der Fasern und damit der Verbindungen im Nervennetz. Das heißt vor allem, daß Verbindungen länger und besser aufrechterhalten werden, sie brechen nicht ständig zusammen wie in einem defekten Stromkreis. Noch vor wenigen Jahren ging man davon aus, daß sich diese Markscheiden erst nach der

Viele Menschen berichten von Erinnerungen aus dem Mutterleib. Erwiesen ist, daß es Hörerinnerungen aus den letzten Reifungswochen des Fötus gibt.

Wir wissen noch nicht genau, wie im Gehirn des Fötus gespeicherte Erlebnisse später wieder abgerufen werden können, sicher ist aber, daß sie Auswirkungen auf das Leben eines Menschen haben.

Schon vor der Geburt nimmt das Kind eine Menge von seiner Mutter wahr: wie sie sich bewegt und ihm dabei Behagen oder Unbehagen bereitet. Es spürt an seinem Wohlbefinden, ob es geliebt oder abgelehnt wird, und es kennt bereits die Stimme seiner Mutter.

Geburt bildeten, womit dem Fötus einmal mehr seine Erlebnisfähigkeit abgesprochen wurde.

Es ist also denkbar, daß Erlebnisinhalte – unter der Voraussetzung, daß sie häufig wiederholt werden – schon in diesem Reifungsalter festgehalten werden. Einige Fachleute sind der Meinung, daß Erlebnisse im Mutterleib bleibende Stoffwechselveränderungen in Nervenzellen hervorrufen. Das heißt: Erfahrungen werden als elektro-chemische Engramme (Gedächtnisspuren), gespeichert. Obwohl heute noch niemand genau weiß, *wie* diese Speicherung vor sich geht, ist man sich doch sicher, daß Lernvorgänge in den Nervenzellen strukturelle Spuren hinterlassen. Diese Spuren bleiben zwar im späteren Leben im Dunkel des Nichtbewußten, »sind aber dauernd bis zum Tode als Grundströmung unseres Seelenlebens wirksam«, sagt Gustav Hans Graber, einer der ersten und bedeutendsten Vertreter der Pränatalen Psychologie.[24]

Schwerer ist es, sich vorzustellen, wie diese Inhalte wieder abgerufen werden könnten. Zum Zeitpunkt der Speicherung arbeiten die Wahrnehmungssysteme ja noch nicht aufeinander abgestimmt. Sie beginnen erst damit, teilweise zusammenzuarbeiten. So wird alles Erlebte in einer gewissen Bruchstückhaftigkeit festgehalten. Das Gehirn kann auch noch nicht – oder nur unvollkommen – eine Auswahl von »wichtig« und »unwichtig« treffen, die später eine große Rolle spielt, damit wir unser Gedächtnis nicht überfrachten. (Überhaupt ist jeder Denkvorgang mit Selektion verbunden.) Die einzelnen, scheinbar zusammenhanglosen Steinchen ergeben für den Fötus noch kein Bild, keinen Sinn.

Erwiesen ist jedenfalls, daß Neugeborene auf Hörreize, die ihnen aus dem Mutterleib bekannt sind – wie die mütterliche Stimme, der Herzschlag der Mutter, bestimmte Melodien und Rhythmen –, anders reagieren als auf ungewohnte Geräusche oder Klänge.

Ebenso weisen Hunderte von Träumen erwachsener Menschen, die anhand sorgfältiger

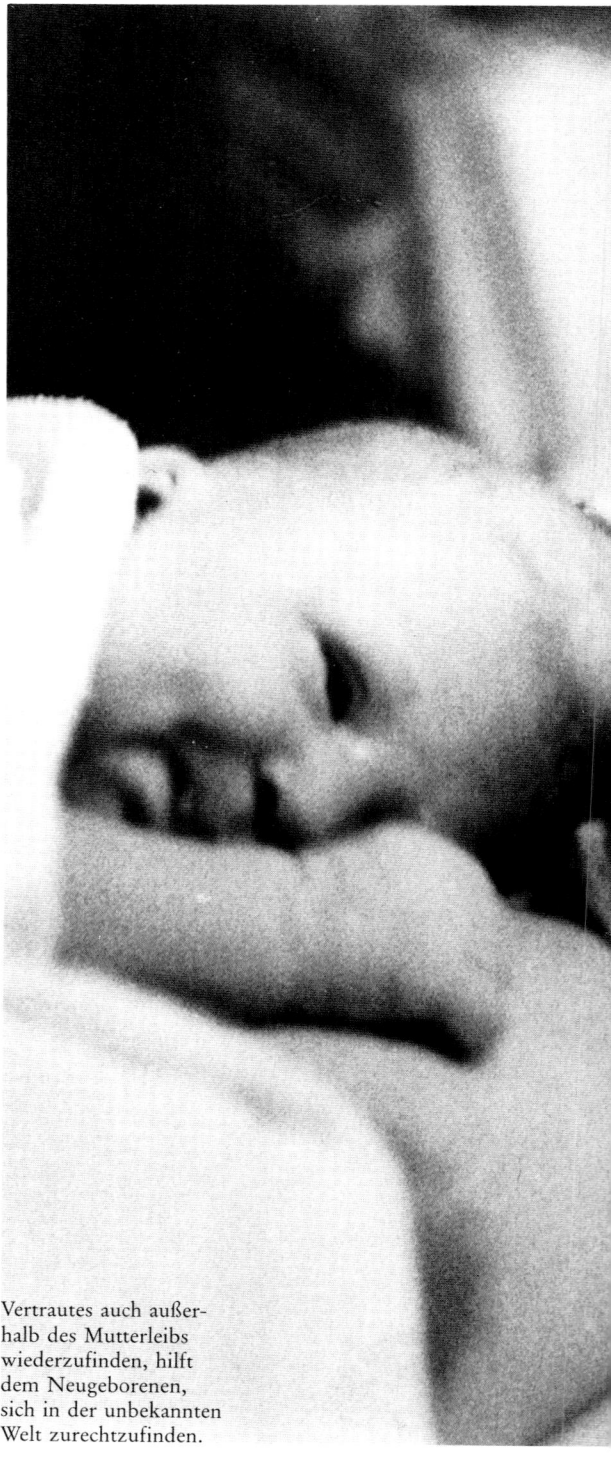

Vertrautes auch außerhalb des Mutterleibs wiederzufinden, hilft dem Neugeborenen, sich in der unbekannten Welt zurechtzufinden.

Schwangerschafts- und Geburtsanamnesen auf ihren Wirklichkeitsgehalt überprüft wurden, darauf hin, daß bestimmte Erfahrungen, die im Mutterleib gemacht wurden, nicht verlorengehen. Sie können später in Träumen wieder auftauchen, in Bildern, die aus den Erlebnissen des herangewachsenen Menschen gewonnen sind. Anders ausgedrückt: Pränatale Gefühlsinhalte werden später umgegossen in Erlebnisse, die dem entsprechen, was ein Mensch bereits bewußt erfahren hat. So träumte ein junger Mann, er säße krumm in einer engen Hundehütte, an die ein Pferd mit seinen Hufen schlug. Die Anamnese der Schwangerschaft seiner Mutter ergab, daß diese kurz vor seiner Geburt eine Treppe heruntergefallen und dabei mehrmals mit dem Leib aufgeschlagen war.

Einen Traum, der an das Erlebnis kurz vor und während der Geburt anknüpft und wohl auch eine Form vorgeburtlicher Erinnerung zeigt, schildert eine 55jährige Frau: »Ich hocke in einer ganz engen Höhle, die mit Tüchern ausgehängt ist. Ich kann mich bewegen. Die Tücher geben nach, schließen sich aber wieder ganz eng um den Körper. Auf einmal kommt ein Erdbeben. Ich werde mit ungeheurer Gewalt gegen eine Felsspalte gedrängt. Ich habe Angst zu ersticken, kriege keine Luft, bin eingeklemmt. Irgendwie löst sich die Felsspalte und ich komme heraus. Draußen ist grelles Licht und ein Wasserfall stürzt über mich herein.«[25]

Vom sechsten Monat an ist die Entwicklung des Kindes im Mutterleib von einer zunehmenden Aktivität des Gehirns geprägt. Im Unterschied zum ersten Entwicklungsdrittel, der Embryonalzeit, die im Zeichen des Wachstums und der Organbildung steht, und zum zweiten Drittel, das von der Entwicklung der Bewegung und der Wahrnehmung gekennzeichnet ist, lebt das Kind im dritten Abschnitt seiner vorgeburtlichen Zeit sozusagen nach innen gekehrt. Es verarbeitet seine Erfahrungen mehr und mehr. In gewissem Sinne »lernt« es schon.

Wenn man seine Hirnströme mit einem Elektroenzephalogramm (EEG) aufzeichnet, zeigen sich bereits in der 24. Woche spontane rhythmische Wellen. Sepp Schindler, Vorsitzender der Internationalen Studiengemeinschaft für Pränatale Psychologie (ISPP), nimmt an, »daß die fundamentalen Schaltungen für die Integration der Wahrnehmung der äußeren Welt als Feld willentlicher Aktivität während der Fötalzeit ausgebildet werden«.[26]

Auch das Schlaf-EEG weist in den Phasen des sogenannten REM-Schlafs (REM = Rapid Eye Movement – schnelle Augenbewegungen), die beim Fötus fast seine ganze Schlafzeit ausfüllen, auf eine lebhafte Hirnaktivität hin. REM-Schlaf bedeutet bei Kindern und Erwachsenen, daß sie träumen. Auch der Fötus hat seine Träume. Sie sind allerdings anders beschaffen als unsere: Wir haben gesehen, daß seine Erfahrungen wie Splitter sind, ohne jenen Zusammenhang, der ihnen einen Sinn innerhalb eines größeren Erfahrungshorizonts geben könnte. Darum müssen wir uns auch seine Träume sehr bruchstückhaft und sicher noch viel ungeordneter als die eines älteren Kindes vorstellen. Muskelzuckungen, ein Schluckauf (den der Fötus bereits haben kann!), eine Berührung der Nabelschnur mit den Händen, die Stimme der Mutter, ein Geräusch, laut oder leise, angenehm oder unangenehm, ein Stoß an den mütterlichen Bauch, alle diese Wahrnehmungen werden, sofern sie ihn nicht wecken, seine Träume mit kleinen Erlebnissen bevölkern. Wahrscheinlich träumt er auch – vor allem im Gleichklang mit den Erlebnissen der Mutter – so etwas wie »ganz geborgen sein« oder »Angst haben«. Man muß Gefühle nicht benennen können, um sie zu erleben.

In dieser Entwicklungsphase lebhafter Gehirntätigkeit beginnt das Kind seine Aktivitäten in gewisser Weise auch bereits zu überprüfen und zu ordnen. Bestimmte Handlungen und Erfahrungen werden schon willkürlich wiederholt, bestimmte Reize wie Daumenlutschen sucht das Kind geradezu, sie bekommen etwas Lustvolles, andere werden vermieden. »Die

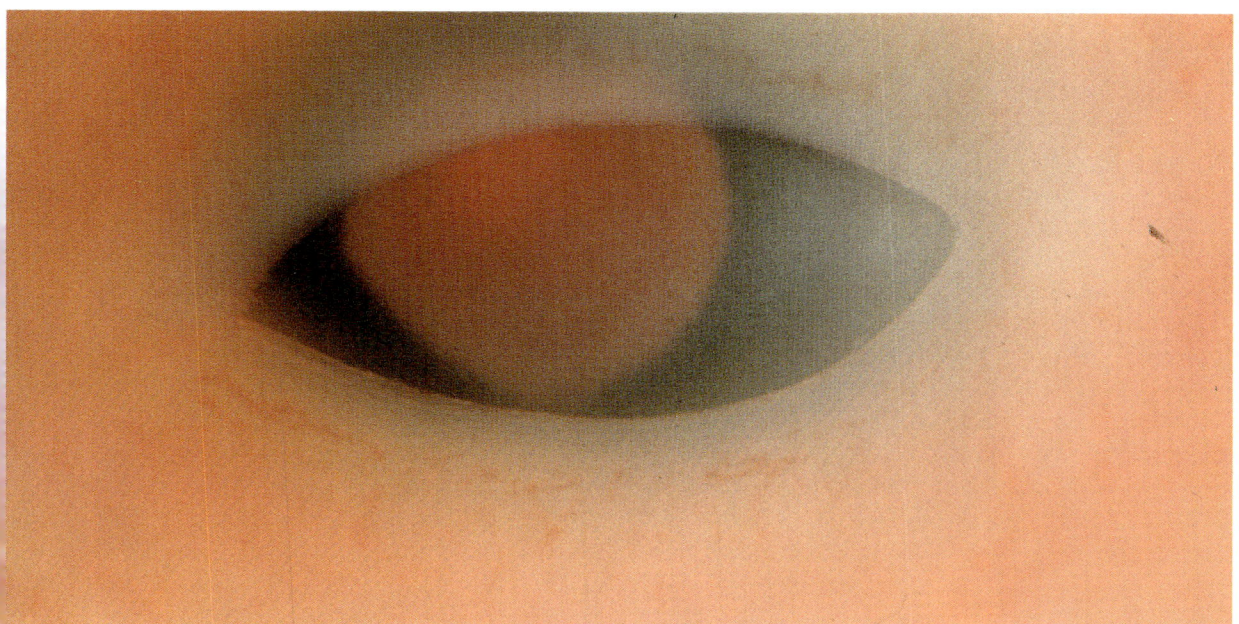

Die Sinnesorgane Au-
ge und Ohr beginnen
sich früh zu entwik-
keln. Sie nehmen ihre
Funktion allerdings zu
unterschiedlichen
Zeitpunkten auf.
Während das Kind in
den letzten Monaten
im Mutterleib hören
kann, vermag das Au-
ge erst kurz vor der
Geburt hell und dun-
kel zu unterscheiden.
Bei einem etwa acht
Wochen alten Embryo
schimmert an der Stel-
le, wo sich einige Zeit
vorher die Augenbe-
cher ausgestülpt ha-
ben, die pigmentierte
Netzhaut. Bald da-
nach schließen sich die
Augenlider und ver-
kleben miteinander.
Auch die Ohrmu-
scheln, die sich aus
den sogenannten
Mandibularbögen ent-
wickeln, nehmen in
dieser Zeit ihre end-
gültige Form an.

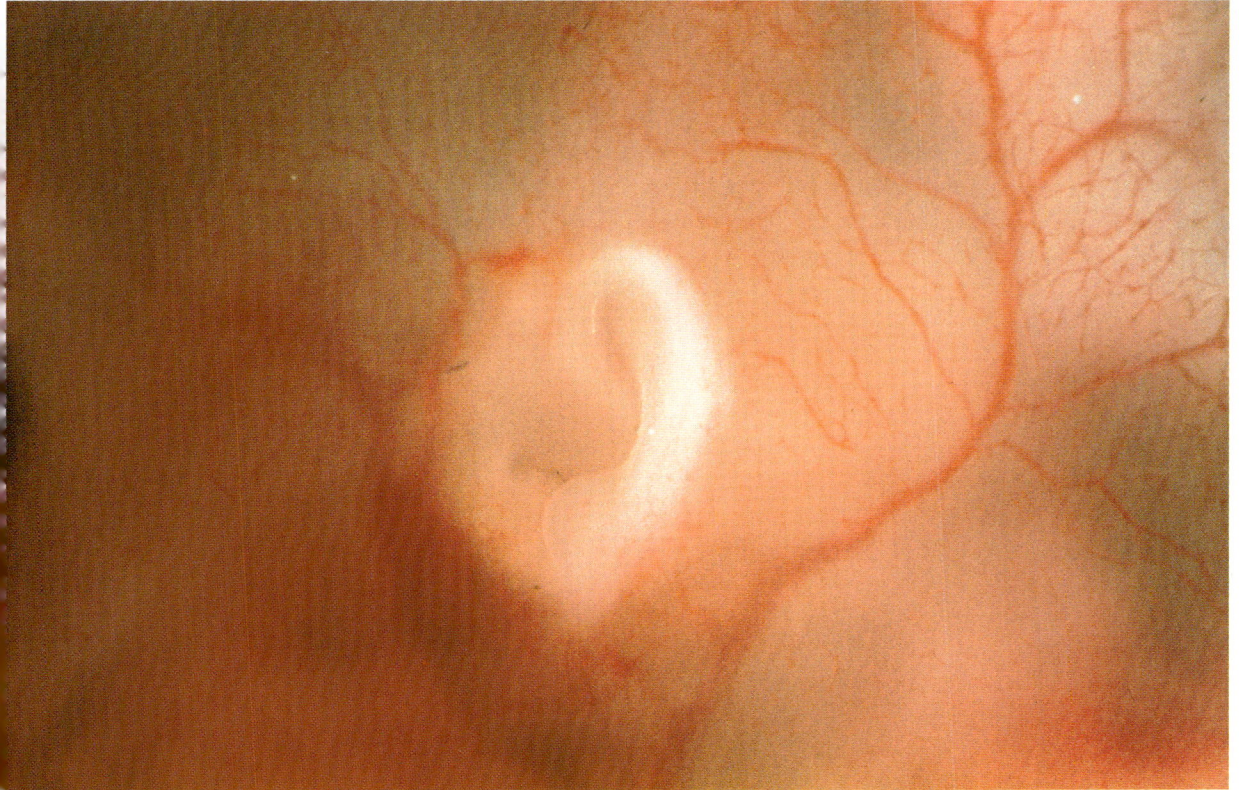

Der Herzschlag des Fötus beschleunigt sich, wenn seine Mutter im Maschinenlärm am Fließband arbeitet. Er beruhigt sich dagegen bei Barockmusik.

Attraktivität eines Stimulus hängt davon ab, was das Baby damit anfangen kann«, sagt der amerikanische Psychologe T. G. R. Bower (eine Erkenntnis, die sicher ebenso für Kinder und Erwachsene gilt).[27]

Nach und nach – vom siebenten Monat an – wird es eng im Mutterleib. Das größer gewordene Kind kann sich nun nicht mehr so viel bewegen, andererseits bekommt es bei jeder Bewegung, die von ihm selber oder von der Mutter ausgeht, viel Hautreize. Die Mutter kann es jetzt durch ihre Bauchdecke hindurch schon richtig streicheln. Sie kann ihm auch etwas vorsingen. Das Kind wird so mit ihrer Stimme in einer besonders innigen Weise vertraut. Und natürlich nimmt das Baby jetzt viel mehr von ihren Aufregungen wahr als in der Embryonalzeit.

Eine Reihe von Untersuchungen – vor allem mit Ultraschall – zeigen, wie stark der Fötus reagiert, wenn laute Geräusche seine Geborgenheit stören, etwa, wenn seine Eltern streiten. Sein Herzschlag beschleunigt sich, seine Bewegungen werden unruhig, wenn die Mutter beispielsweise im Maschinenlärm einer Fabrik am Fließband arbeitet. Unruhe und Unlust zeigt das Kind auch bei Musik mit hektischen Rhythmen, Ruhe dagegen und Wohlbehagen gehen offenbar von Barockmusik, wie Vivaldi oder Bach, aus. Der Puls verlangsamt sich wieder, die Bewegungen werden ruhig.

Der kleine Fötus bereitet sich immer mehr auf ein Leben außerhalb des Mutterleibs vor. Er hat schon etwas Fett angesetzt und wird im sechsten Monat etwa 800 Gramm schwer. Er ist auch in die Länge gewachsen. Von Kopf bis Fuß mißt er am Ende dieses Monats 35 Zentimeter (bei der Geburt werden es 50 bis 52 sein). Seine Lungen beginnen sich so zu entwickeln und die Lungengefäße so weit zu differenzieren, daß er bereits atmen könnte. Vorläufig füllen sich seine Atemorgane noch mit Fruchtwasser. Auch das Zentralnervensystem ist inzwischen darauf vorbereitet, den Atemrhythmus zu steuern. Trotzdem

haben Frühgeborene in diesem Reifungsalter, also in der 26./27. Woche, noch beträchtliche Schwierigkeiten mit dem Atmen.

Das Zentralnervensystem reguliert jetzt auch die Gleichmäßigkeit der Körpertemperatur. Die Augen öffnen sich wieder. Auf der immer glatter werdenden Haut zeigt sich – besonders an Armen, Beinen und am Rücken – ein zarter, wolliger Flaum, der Lanugo (Wolle) genannt wird. Er verschwindet um die Geburt herum wieder. Vielleicht ist er wie der Greifreflex ein Relikt, das wir unseren mit einem Fell ausgestatteten Vorfahren verdanken.

Zu Beginn des siebenten Monats sieht der rund 850 Gramm schwere Fötus schon wie ein richtiges Neugeborenes aus. Viele Kinder lutschen jetzt so intensiv am Daumen, daß sie mit einer Schwellung am Finger auf die Welt kommen. Das Baby nimmt in diesen Wochen so viel zu, daß es zu Beginn des achten Monats etwa 1300 Gramm wiegt. Es braucht ja für die niedrigen Temperaturen außerhalb des Mutterleibs ein wärmendes Fettpolster. Während dieses Monats füllt es nach und nach seine Wohnhöhle ganz und gar aus, mit dem Herumschwimmen und den Purzelbäumen der ersten Monate ist es vorbei. Seitliche Drehungen sind alles, was dem Kind an »Gymnastik« noch übrigbleibt. Diese Drehungen sind wichtig, um nach und nach die richtige Haltung für die Geburt zu finden, bei der es nicht nur mit Beinstößen, sondern auch mit Schraubbewegungen des ganzen Körpers mithelfen muß. Der Kopf, der schwerste Körperteil, liegt jetzt meistens unten in der Gebärmutter.

In den letzten Monaten vor der Geburt erhält das Kind über die Plazenta aus dem Blut der Mutter wichtige Abwehrstoffe, zum Beispiel Gamma-Globuline und jene Antikörper, die die Schwangere selber gegen Krankheiten wie Masern, Scharlach, Keuchhusten, Mumps, Windpocken, Kinderlähmung gebildet hat. Dieser Schutz vor Infektionen wird später vor allem vom Kolostrum, der ersten Milch, die das Kind unmittelbar nach der Geburt aus der Brust der Mutter saugt, noch verstärkt.

Es gibt nur eine Art von Abwehrstoffen aus dem Blut der Mutter, die dem Kind nicht nützen, sondern ihm schaden, ja sogar sein Leben gefährden: Wenn eine Mutter in ihrem Blut nicht über den sogenannten Rhesusfaktor verfügt, also Rh-negativ ist, und ein Rh-positives Baby als zweites Kind bekommt, das seinen Rh-Faktor vom Vater geerbt hat, dann gibt es eine Unverträglichkeit zwischen dem Blut der Mutter und dem des Kindes. Man behandelt solche Babys durch wiederholten Blutaustausch schon im Mutterleib – eine für den Fötus schmerzhafte, aber lebensrettende Prozedur.

Nicht nur Abwehrstoffe schaden dem Kind oder machen es lebenstüchtig. Mindestens genauso wichtig wie sie sind die Gefühle, die die Mutter ihrem ungeborenen Kind entgegenbringt. Von ihnen hängt nicht nur sein Gedeihen im Uterus ab, sondern auch seine spätere seelische und körperliche Gesundheit.

Wenn die Mutter zu viele Ängste während der Schwangerschaft hat, beunruhigt sie auch das Kind. Wir wissen, wie stark Neugeborene auf den Herzschlag der Mutter reagieren. Sogar auf Tonband aufgenommene ruhige Herztöne, die man den Kindern vorspielt, bewirken, daß sie sich dabei besser entwickeln. Das heißt andererseits, daß ein beschleunigter Herzschlag das Kind unruhig macht. Das läßt sich sehr gut bei Ultraschalluntersuchungen beobachten. Wenn der Arzt bei einer solchen Untersuchung die Mutter mit einer gewissen Besorgnis darauf hinweist, daß sich ihr Kind gar nicht bewege, beginnt es fast wie auf Kommando heftig mit Armen und Beinen zu strampeln. Der Schreck der Mutter über die ärztliche Bemerkung hat sowohl über eine Hormonausschüttung im Blut als auch mit einem dadurch bedingten schnelleren Herzschlag das Kind doppelt alarmiert. Es reagiert sofort.

Schlimmer noch als gelegentliche Besorgnis oder Angst ist es für den zarten Fötus, wenn die Mutter ihn ablehnt oder sich ihrer Liebe nicht sicher ist. Sie kann ihm diese negative Einstellung signalisieren, indem sie sich selber gesundheitlich vernachlässigt und damit bewußt oder unbewußt das Kind in Gefahr bringt. Vielleicht fordert sie auch Unfallsituationen heraus, treibt in übertriebener Weise Sport, versäumt Vorsorgeuntersuchungen, zieht zu enge Kleidung an, oder sie schädigt ihr Kind durch Alkohol, Nikotin und andere Drogen. Oft ist sie sich über ihr Verhalten gar nicht im klaren. Das Kind aber nimmt ihre Zeichen der Lieblosigkeit auf und wird in seiner Entwicklung behindert, wenn nicht gefährdet.

Interessant ist in diesem Zusammenhang eine Untersuchung der Universitäten Salzburg und Wien, in der die gefühlsmäßige Einstellung von 141 schwangeren Frauen mit dem Verhalten des Neugeborenen verglichen wird. Die Beobachtungen veranlaßten die Wissenschaftler, die Frauen vier verschiedenen Gruppen zuzuordnen:

1. dem Typ der »Idealmutter« (33 Prozent), die ihr Kind freudig erwartet,

2. dem Typ der »kühlen Mutter« (16 Prozent), die das Kind bewußt ablehnt, unbewußt vielleicht bejaht,

3. dem Typ der »zwiespältigen Mutter« (24 Prozent), die ihre Zwiespältigkeit durch bewußte Bejahung des Kindes zu kompensieren versucht,

4. dem Typ der »katastrophalen Mutter« (27 Prozent), die Schwangerschaft und Kind nur als Katastrophe erlebt.

Es zeigt sich, daß bei den »Idealmüttern« Schwangerschaft und Geburt überwiegend störungsfrei und planmäßig verliefen und sich die Kinder als emotional stabil und belastungsfähig erwiesen. Bei den »katastrophalen Müttern« dagegen verlief die Schwangerschaft so kompliziert wie die Geburt, sie hatten häufig Frühgeburten. Die Kinder zeigten später Verhaltensstörungen. Auch bei den »kühlen Müttern« gab es vermehrte Beschwerden während der Schwan-

Mütter, die ihr Kind freudig erwarten, haben weniger Komplikationen in der Schwangerschaft und bei der Geburt als ängstliche oder ablehnende. Ihre Kinder erweisen sich als belastungsfähiger als die der Vergleichsgruppen.

Den Zeitpunkt der Geburt bestimmt das Kind selbst. Mit Hormonen gibt es dem mütterlichen Organismus ein Signal.

gerschaft, die Neugeborenen fielen durch Apathie auf. Die »ambivalenten Mütter« litten unter vegetativen Störungen, sie hatten auch relativ häufig Frühgeburten. Ihre Kinder zeigten sich überaktiv, nervös, sie erbrachen sich oft.[28]

Hat das Kind alle Gefahren, zu früh zur Welt zu kommen, wohlbehalten überstanden, dann bringt ihm der neunte Monat noch einmal eine kräftige Gewichtszunahme bis zu sechs, sieben Pfund, es wird rund 52 Zentimeter groß. Es erwirbt jetzt noch eine wichtige Fähigkeit: Am Ende seiner vorgeburtlichen Zeit reagiert der Fötus bereits, wenn ein sehr helles Licht auf den Mutterleib gerichtet wird: Er kann sehen. Der letzte seiner Sinne ist funktionstüchtig geworden.

Das Kind ist jetzt gut vorbereitet auf den Moment der Geburt. Es bestimmt ihn wahrscheinlich selbst durch seine abgeschlossene Reifung, indem es mit einer Hormonabgabe an die Plazenta dem mütterlichen Organismus ein Signal gibt. (Einige Fachleute meinen auch, die Plazenta selber löse die Geburt aus.) Bei den meisten Kindern geschieht das zwischen dem 266. und dem 280. Tag. Jeder unnötige künstliche Eingriff in diesen sensibel regulierten Vorgang sollte vermieden werden. Das Kind soll ja nach Möglichkeit wirklich bereit sein und aktiv bei der Geburt mitarbeiten, was sein Zur-Welt-Kommen wesentlich erleichtert.

Die Geburt, die Auseinandersetzung mit der Welt draußen, das war das Ziel der Entwicklung des Fötus im Schutz des Mutterleibs. Nicht die Ausbildung einzelner Fertigkeiten, so eindrucksvoll sie uns auch erscheinen mögen, sei wichtig, meint Dr. Inge Flehmig, Entwicklungsneurologin in Hamburg, sondern die Vorbereitung auf den Überlebenskampf. Dazu komme es auf das Zusammenwirken, den Einklang zwischen allen Systemen an, die dem Baby zur Verfügung stehen. Mit diesem Verständnis können wir dem Kind im Mutterleib und auch »draußen« besser gerecht werden als mit der besonderen Beachtung und Bewertung einzelner

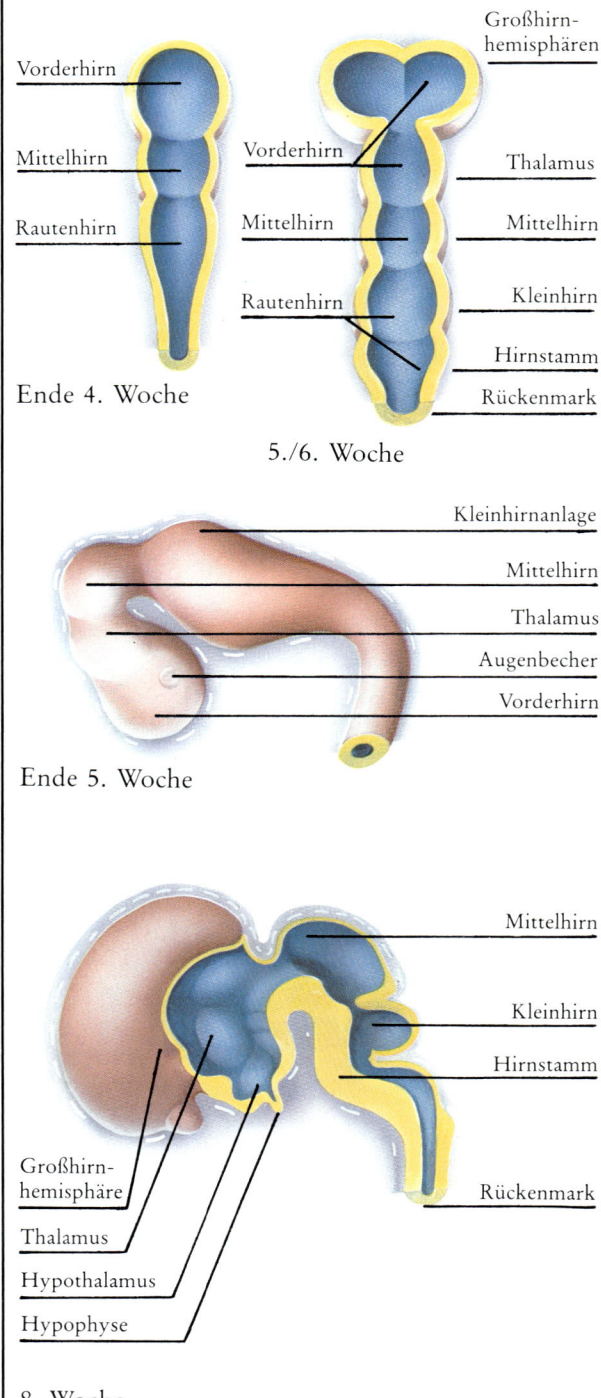

Ende 4. Woche

5./6. Woche

Ende 5. Woche

8. Woche

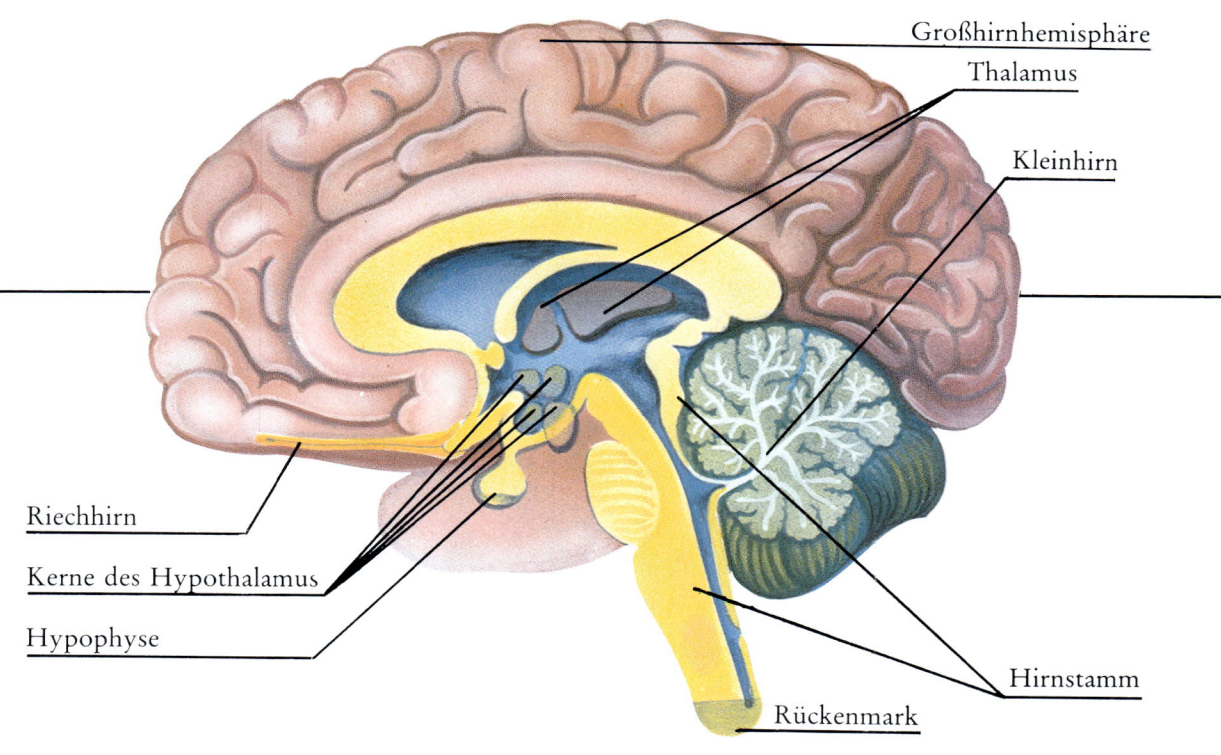

Großhirnhemisphäre

Thalamus

Kleinhirn

Riechhirn

Kerne des Hypothalamus

Hypophyse

Hirnstamm

Rückenmark

ausgereiftes Hirn

Das Gehirn –
Instrument der Seele

Noch ehe die Mutter etwas von ihrer Schwangerschaft ahnt, am 22. Tag nach der Zeugung, schließt sich das aus einer einfachen Zellschicht bestehende Neuralrohr. Es bilden sich noch in der 4. Woche die primären Hirnbläschen: Vorderhirn, Mittelhirn und Rautenhirn (1). Aus diesen entstehen bis zum Ende der 6. Woche fünf Bläschen. Das Vorderhirn, später das Großhirn, hat jetzt bereits zwei Hemisphären. Unsere schematische Darstellung (1 und 2) zeigt diese Frühentwicklung und deutet an, welche Hirnteile später aus diesen Bläschen werden. In Wirklichkeit ist das Gehirn zu diesem Zeitpunkt (Ende der 5. Woche) schon stark gekrümmt (3). Es zeigen sich bereits Augenbecher. In der 8. Woche überlagern die Großhirnhemisphären großräumig den Thalamus und den Hypothalamus (4). Das reife Gehirn (5) ist durch Zellteilung und -wanderung aus dem kleinen Neuralrohr zu einer vergleichsweise riesigen Masse angewachsen. Bei der Geburt beträgt seine Größe bereits ein Viertel vom erwachsenen

Gehirn. Das differenzierte Netzwerk aus Synapsen und Dendriten (den Schaltstellen, an denen Informationen weitergegeben werden) beginnt sich schon von der 8. Woche an auszubilden. Markscheiden, die das Netzwerk stabilisieren, entstehen von der 20. Woche an.
Noch vor wenigen Jahren war man der Überzeugung, diese feine Struktur des Gehirns entwickele sich erst nach der Geburt. Die neuen hirnphysiologischen Erkenntnisse zeigen, wie früh das Gehirn bereits als »Instrument der Seele« funktioniert, das heißt als Aufnahme- und Schaltstelle für Wahrnehmungen. Schon im Mutterleib »empfängt« das Kind also Umweltreize, es reagiert darauf, es macht und sammelt Erfahrungen, es erlebt, und es versucht sogar – im Rahmen seiner Möglichkeiten –, sein Erleben angenehm zu gestalten: sei es, indem es sich bewegt, sich herumdreht, am Daumen lutscht oder Fruchtwasser trinkt. Alle diese Fähigkeiten wären ohne die frühe und bereits differenzierte Funktion des Gehirns nicht möglich.

Leistungen wie der Intelligenz zum Beispiel. Jede einzelne Errungenschaft – sei es die Intelligenz oder die Fähigkeit, sich harmonisch zu bewegen – ist auf das Zusammenspiel aller Systeme angewiesen.

Daß dieses Zusammenspiel bei einer gesunden Entwicklung schon im Mutterleib so erstaunlich gut funktioniert, verdanken wir vor allem der Koordinationsleistung unseres Zentralnervensystems. Hier laufen fast alle Fäden zusammen. Und wie wir gesehen haben, stellt es auf jeder Reifungsstufe gerade so viel bereit, wie notwendig ist, um vorhandene Funktionen beziehungsweise Fähigkeiten zu registrieren, miteinander in Beziehung zu setzen und sich dadurch wiederum zur Weiterentwicklung anregen zu lassen. Das Geschehen ist in seiner Gleichzeitigkeit so komplex und so dynamisch, daß wir es mit der Sprache nur unzureichend nachvollziehen können und daß auch Bilder, wie das von der sich nach oben windenden Spirale, unzulänglich bleiben.

Wie das komplizierte und noch immer weithin unergründete »Organ« Gehirn aus der einfachen Verdickung des embryonalen Neuralrohrs entsteht, darüber gibt uns die Hirnforschung der letzten Jahre interessante Aufschlüsse. Sie verändern unser Verständnis für das ungeborene Kind und lassen unsere Vorstellung von seinem geheimnisvollen, unserer direkten Beobachtung weitgehend verborgenen Dasein viel konkreter werden.

Am schnellsten verläuft die Entwicklung in den ersten Wochen nach der Zeugung. Sie ist gekennzeichnet durch einige wichtige Prozesse: Entstehung und Vermehrung der Nervenzellen (der Neuronen), Wanderung dieser Zellen an ihren endgültigen Ort, Differenzierung des Gehirns und Markscheidenbildung (Myelinisierung). Diese Prozesse laufen im wesentlichen in den einzelnen Hirnregionen in ganz bestimmten Entwicklungsphasen ab. Man glaubte bisher, daß einige dieser Vorgänge bei der Geburt, andere am Ende des ersten Lebensjahres und

| Alter in Wochen | 9 | 11 | 12 | 16 | 20 |

Wie schnell wächst das Kind im Mutterleib

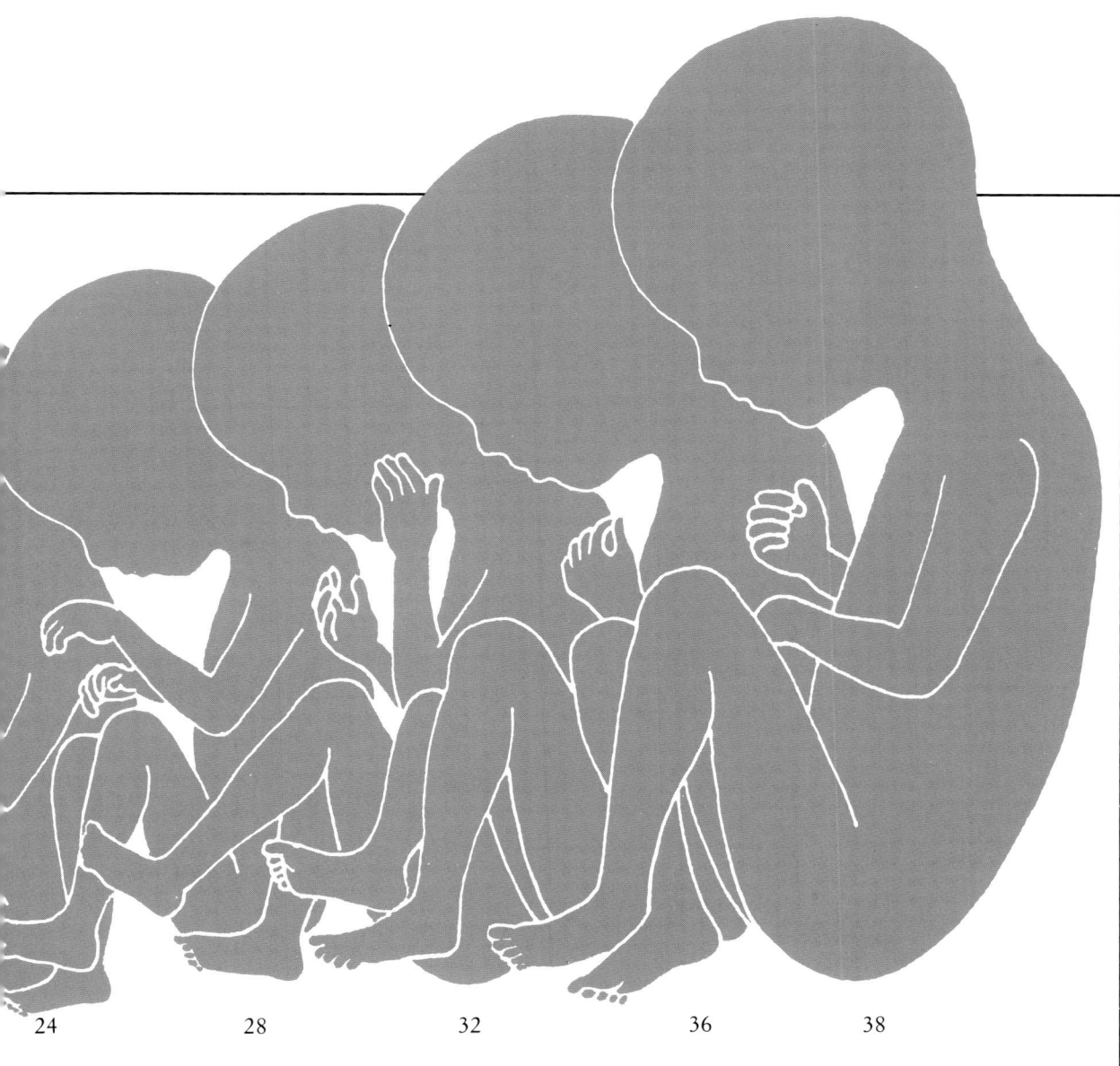

24   28   32   36   38

Aus dem nur unter dem Mikroskop wahrnehm-
baren befruchteten Ei entwickelt sich der
Embryo im Laufe der ersten acht Wochen zu
einer Größe von 30 mm – gemessen vom Scheitel bis zum Steiß. Da das Kind im Mutterleib
mit angewinkelten Beinen liegt oder hockt, läßt
sich seine Größe nur so zuverlässig messen.
Am Ende der 10. Woche mißt der Fötus 61 mm,
er hat seine Größe also verdoppelt. Das
geschieht noch zweimal: am Ende der vierzehn-
ten Woche (120 mm) und in der 26. Woche (240
bis 250 mm). Am Ende der 38. Woche, zum
Zeitpunkt der Geburt, hat das Kind eine Scheitel-Steißlänge von 360 mm, also 36 cm, erreicht.
Von Kopf bis Fuß ist es dann zwischen 50 und 52
cm groß. Man erkennt an dem hier abgebilde-
ten Größenvergleich, daß das Wachstum zuerst
sprunghaft schnell, später dagegen immer lang-
samer und gleichmäßiger verläuft.
Noch viel eindrucksvoller als das Längenwachs-
tum vollzieht sich die Gewichtszunahme: Vom
Ende der neunten Woche, an dem das Kind
noch acht Gramm leicht ist, bis zur Geburt, wo
es rund 3400 Gramm wiegt, hat es sein Gewicht
um das Vierhundertfünfundzwanzigfache ver-
mehrt.

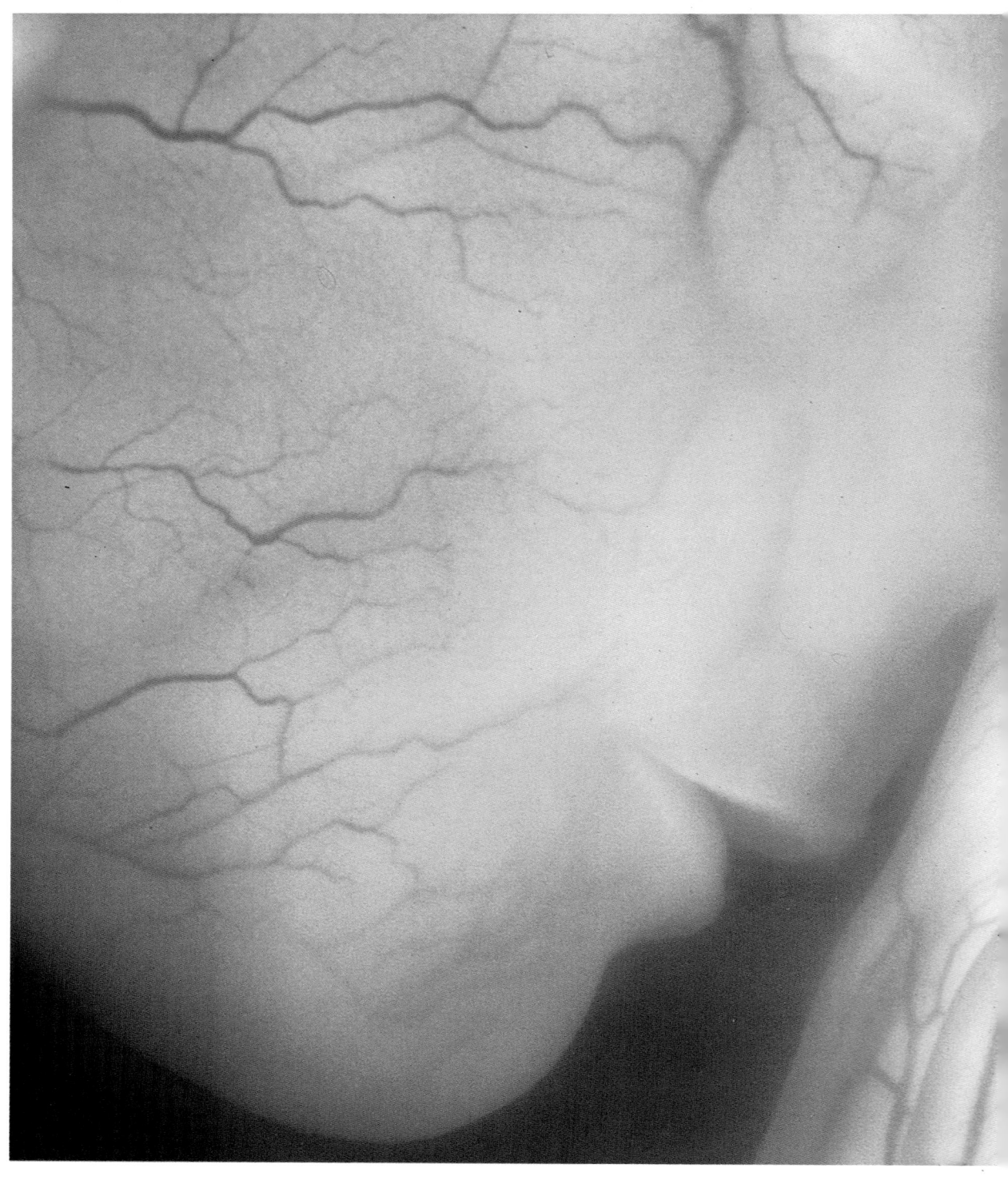

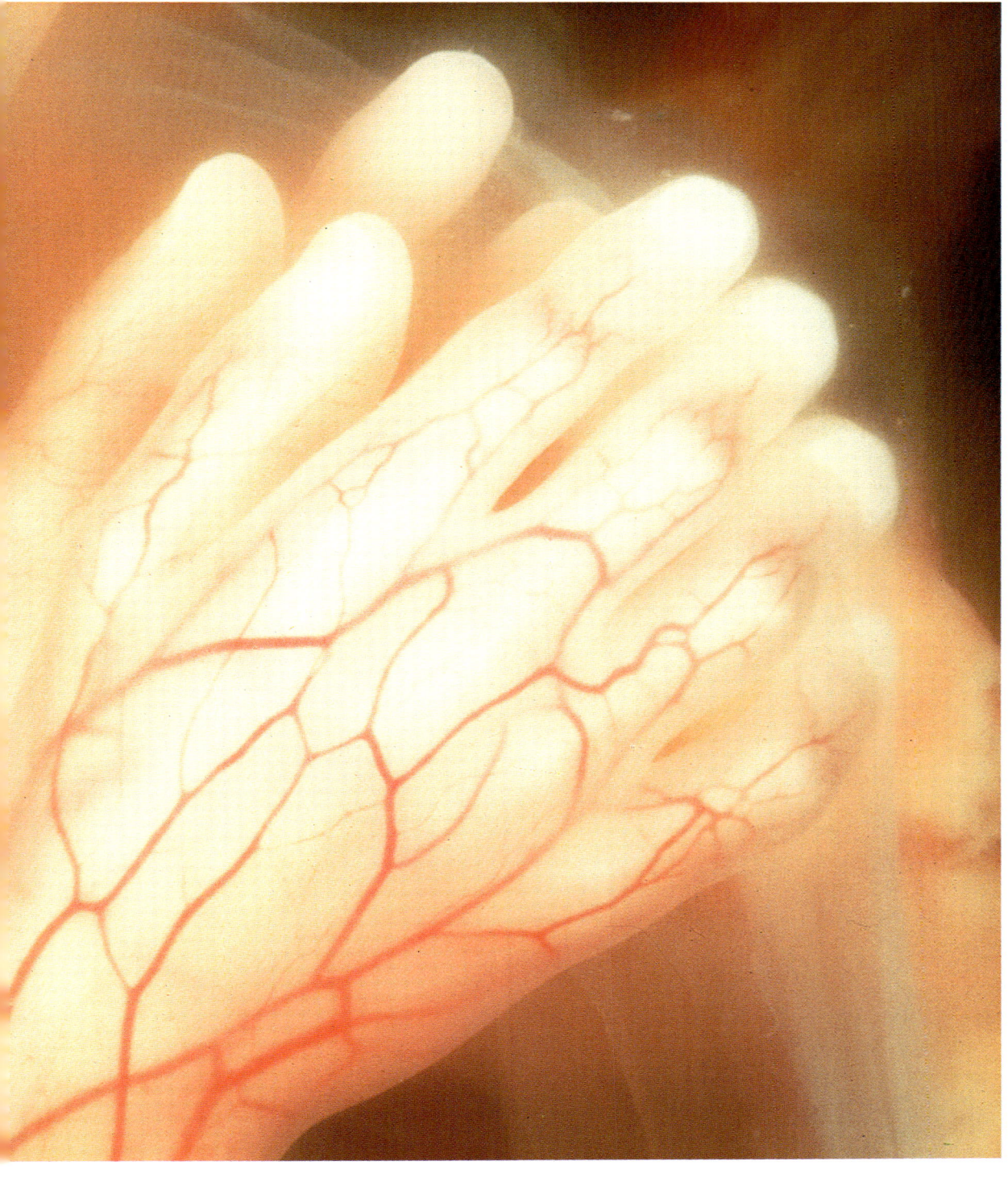

Schon fast wie ein Baby sieht der Fötus in der 23. Reifungswoche aus. Allerdings fehlt ihm noch ein Fettpolster unter der Haut, so daß man das feine Netz seiner Blutgefäße ganz genau erkennen kann. Die Augen des Ungeborenen sind noch geschlossen, sie werden sich erst drei Wochen später öffnen. Es wiegt zu diesem Zeitpunkt rund 700 Gramm und ist – vom Scheitel zum Steiß gemessen – 22 cm groß.

Frühgeborene entwik-
keln sich besser, wenn
sie auf Wasserbetten
liegen und als Unterla-
ge ein Lammfell ha-
ben. So wird sowohl
ihr Gleichgewichts-
wie auch ihr Tastsinn
mit Reizen versorgt.

einige wiederum mit dem Ende des vierten Lebensjahres abgeschlossen seien. Neueste Untersuchungen deuten darauf hin, daß sich die Prozesse zwar nach der Geburt verlangsamen, aber trotzdem weitergehen, sogar über das 20. Lebensjahr hinaus bis ins Alter. Man hat bei sehr alten Menschen noch eine Anreicherung der Hirnstruktur feststellen können.

Im Laufe seines Wachstums und seiner Differenzierung folgt das Gehirn in gewisser Weise einem hierarchischen Programm, das von der Stammesgeschichte (Phylogenese) vorgegeben ist. Am schnellsten »arbeitsbereit« ist beim Fötus der evolutionär älteste Hirnteil, das Stammhirn, das als Verlängerung des Rückenmarks wie ein Baumstamm weit in den Schädel hineinragt. Es nimmt Berührungsreize auf und gibt sie weiter. Es regelt auch automatische Bewegungen und gewisse schnelle Reaktionen: Wir haben gesehen, wie früh der kleine Embryo schon zarte Bewegungen macht und wie früh seine erste Wahrnehmung Berührungsreize aufnimmt. Die im Stammhirn eingelagerten »Kerne« des vestibulären Systems (es regelt das Gleichgewicht) werden sehr früh schon funktionsfähig. Der kleine Embryo beginnt ja bereits seine Lage im Fruchtwasser zu verändern. Die Anregung des Gleichgewichtssystems durch die Bewegung der Mutter spielt eine wichtige Rolle in der Entwicklung des Fötus. Professor Anneliese F. Korner von der Stanford University School of Medicine (USA) beobachtete zum Beispiel, daß Frühgeborene weniger Atemstörungen und -stillstände und auch weniger Herzrhythmusstörungen hatten, wenn sie im Brutkasten auf ständig bewegten Wasserbetten lagen. Sie schliefen auch besser und lernten sich besser bewegen. Außerdem reagierten sie stärker auf visuelle und akustische Reize, und sie waren weniger nervös und angespannt als eine Vergleichsgruppe von Frühgeborenen.[29]

Im Laufe der Entwicklung wird der Hirnstamm dann vom phylogenetisch ebenfalls sehr alten Kleinhirn (Cerebellum) umwachsen. Es

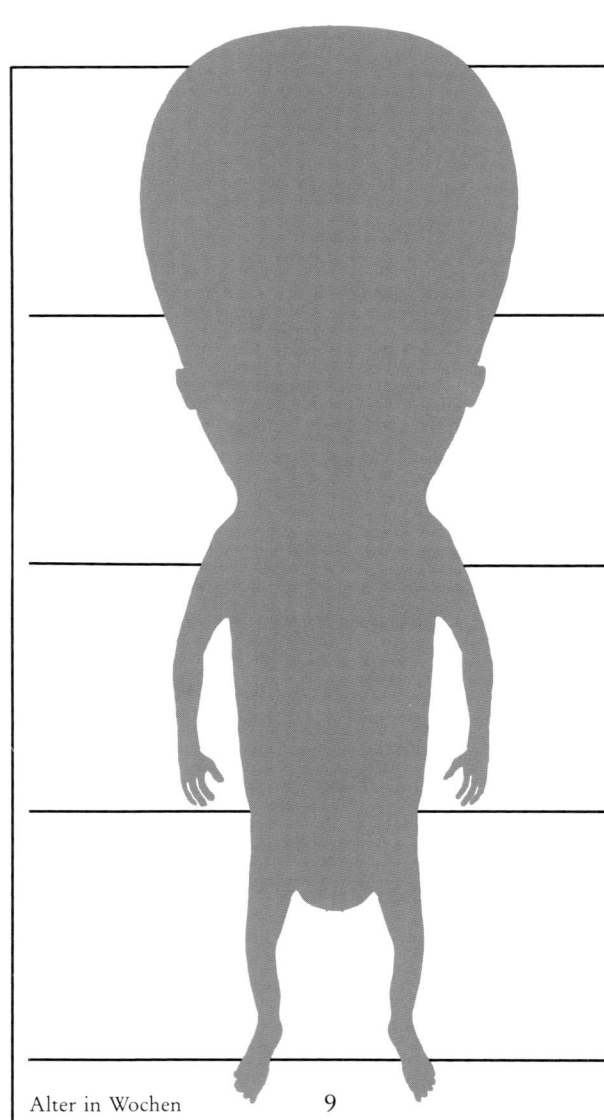

Alter in Wochen   9

Der Kopf
des Ungeborenen
wächst zu Anfang
am stärksten

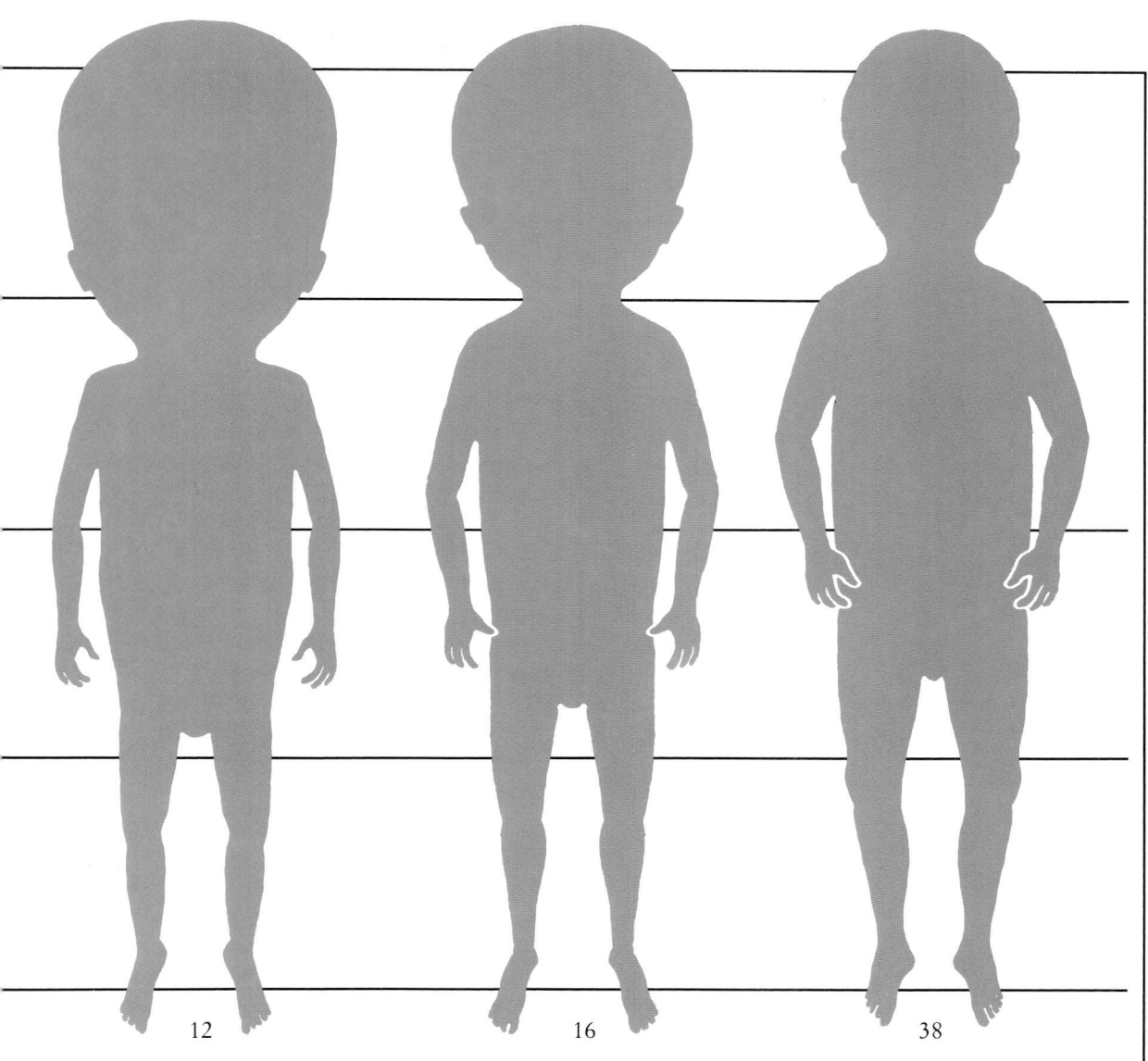

12   16   38

So verändern sich die Proportionen des Ungeborenen im Laufe seines Wachstums. Noch in
der neunten Woche, das zeigt unser Bildschema,
macht der Kopf die halbe Gesamtkörpergröße
aus. Er wächst zu Anfang am schnellsten, weil
das Gehirn im weiteren Verlauf der Entwicklung sowohl Wachstumsvorgänge, als auch
Wahrnehmungs- und Bewegungsfunktionen
sowie die ersten Lernprozesse steuern, koordi-
nieren und aktivieren muß. Im Alter von zwölf
Wochen nimmt die proportionale Größe des
Kopfes nur noch etwa ein Drittel und bei der
Geburt nur noch ein Viertel der Gesamtkörpergröße ein. Trotzdem ist auch der Kopf eines
Neugeborenen (Umfang etwa 30 cm) immer
noch sehr groß im Vergleich zu dem eines
Erwachsenen (Umfang 50–55 cm). Das Gehirn
des eben zur Welt gekommenen Kindes hat ja
auch bereits ein Viertel des Volumens eines
Erwachsenengehirns.

Alle unsere Bewegungen entstehen aus einem komplizierten Zusammenspiel von Hemmung und Aktivierung.

ordnet sich gleichfalls dem vestibulären System zu und sorgt gemeinsam mit dem sich über dem Stammhirn ausbreitenden Thalamus für die Glätte und Harmonie der Bewegungen. Das Stammhirn ist dazu noch nicht in der Lage. Neueste Forschungen zeigen, wie stark das Kleinhirn auch auf unser Gefühlsleben Einfluß nimmt. Vieles deutet darauf hin, daß wir das Kleinhirn als eine Art übergeordnete Schaltstelle betrachten müssen, die Wahrnehmungs- und Gefühlserlebnisse ebenso wie Bewegungsabläufe reguliert und integriert, also eine sinnvolle Ordnung herstellt. Störungen der Entwicklung dieses Hirnbereichs haben darum nicht nur Folgen für die harmonische Bewegungsfähigkeit eines Kindes und für sein körperliches, sondern auch für sein seelisches Gleichgewicht. Das heißt, er ist für eine gewisse Ordnung (bzw. Unordnung) und Steuerung (bzw. Fehlsteuerung) im Gefühlsleben mitverantwortlich.[30]

Vestibuläre Kerne und Kleinhirn ermöglichen die Einstellung des Körpers im Raum und die Haltung. Sie übernehmen in einem komplizierten Zusammenspiel von Hemmung und Aktivierung der Muskeltätigkeit den Kampf gegen die Schwerkraft. Daß es sich wirklich um einen Kampf handelt, veranschaulicht die evolutionäre Entwicklung: Den Reptilien sieht man es heute noch an, wie sie sich gegen die Schwerkraft anstemmen, um das Gewicht ihres Körpers zu tragen. Auch der Fötus im Mutterleib kämpft mit der Gravitation, wenn er versucht, sich herumzudrehen. Aber er hat es noch relativ leicht. Das Fruchtwasser, in dem er schwimmt, macht ihn ein wenig schwereloser, so daß er gelegentlich wie ein kleiner Astronaut zu schweben scheint. Das neugeborene Kind dagegen hat viel mehr zu leisten, um sein Köpfchen zu heben. Wenn es später sich herumdrehen, krabbeln, sitzen und schließlich sogar sich aufrichten lernt, hat es jedesmal einen Kampf mit der Schwerkraft bestanden.

Der Hypothalamus, der, wie sein Name sagt, unter dem Thalamus (und vor dem vestibulären

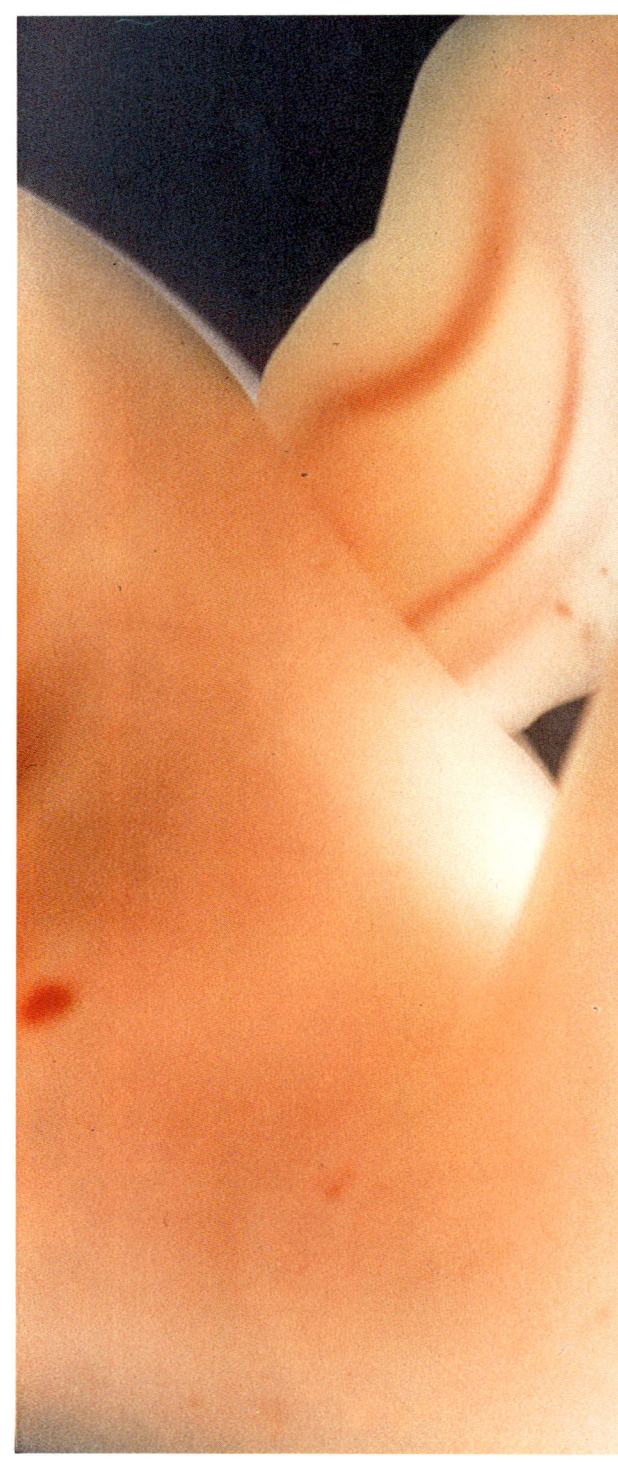

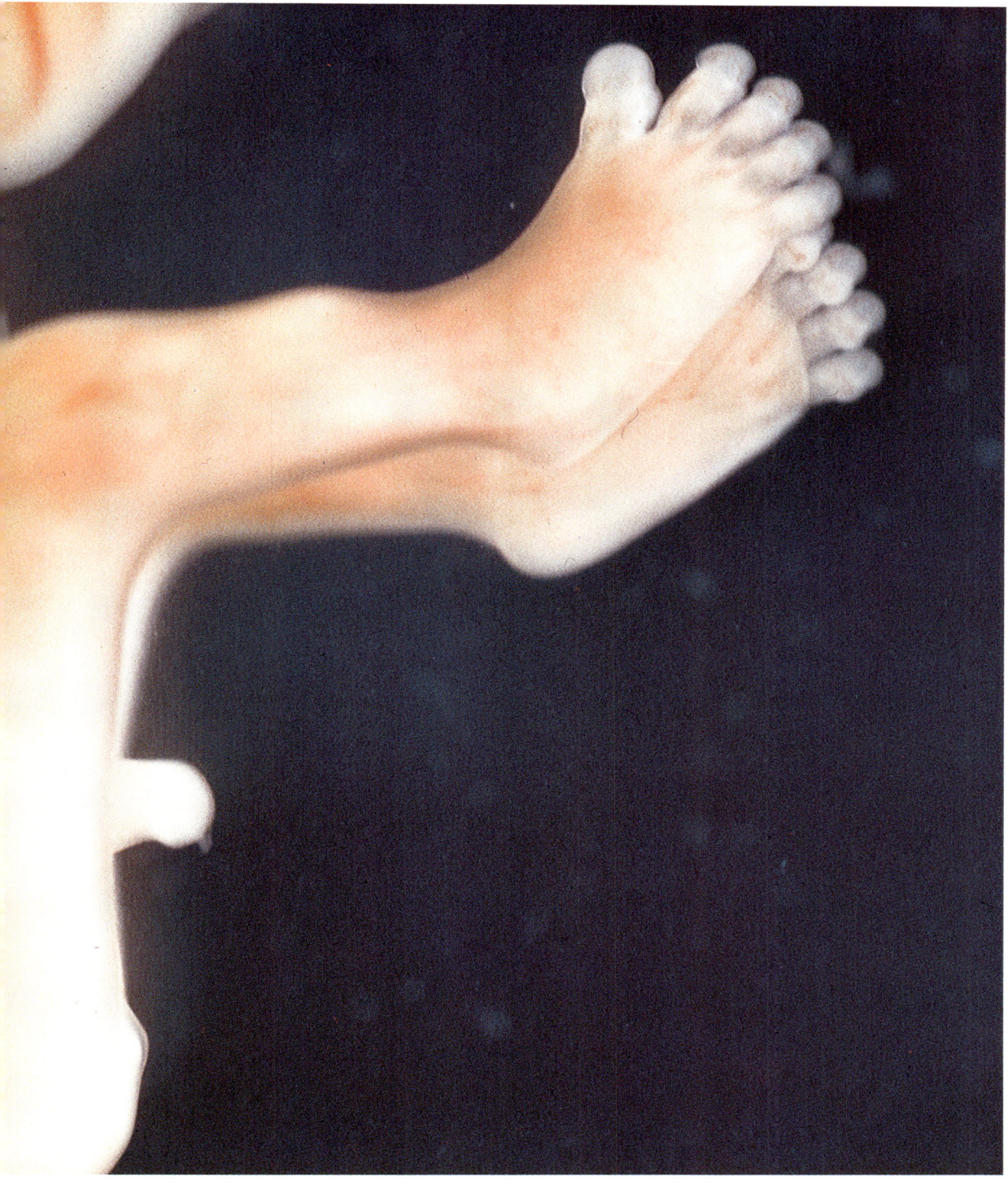

Schon bei der Befruchtung des Eis entscheiden Chromosomen darüber, ob sich ein Junge oder ein Mädchen entwickeln wird. Das männliche Y-Chromosom bewirkt, daß sich die Gonaden, die Urgeschlechtsdrüsen, die noch geschlechtsunspezifisch sind, zu Hoden entwickeln. Eierstöcke entstehen, wenn kein Y-Chromosom im Spiel ist. Damit ist der Einfluß der Geschlechtschromosomen bereits am Ende, sagt der Biologe und Hormonforscher Professor Klaus-Dieter Döhler von der Medizinischen Hochschule Hannover, der sich besonders mit der geschlechtsspezifischen Entwicklung des Gehirns beschäftigt. Die weiteren Entscheidungen über die Entwicklung der äußeren Geschlechtsorgane, der inneren Geschlechtsgänge und über weibliches oder männliches Verhalten werden von Hormonen gefällt. Die in dieser Entwicklung sozusagen prägende Phase liegt um die 12. Woche herum. Bei einem zwölf Wochen alten Fötus ist das Geschlecht bereits eindeutig zu erkennen.

Verstand und Gefühl, Ratio und Emotionalität können ohne einander nicht auskommen, das lehrt uns die moderne Hirnforschung.

Die Vermehrung und die Wanderung der Zellen im Gehirn sind Vorgänge, die für Störungen, wie Sauerstoffmangel ganz besonders empfindlich sind.

System) liegt, steuert vor allem die vegetativen Funktionen wie Herzschlag, Atmung, Wach- und Schlafrhythmus, Schweißabsonderung, aber auch Instinkt- und Gefühlsverhalten.

Etwa vor 350 Millionen Jahren ist der entwicklungsgeschichtlich älteste Hirnteil entstanden – das Stammhirn mit den unmittelbar angrenzenden Hirnregionen. Der amerikanische Hirnforscher Paul D. McLean nannte ihn das »Reptiliengehirn«, weil er etwa das ausmacht, was diesen Tieren zur Verfügung steht. Nach seiner Theorie wird er im Laufe der Entwicklungsgeschichte vom 150 Millionen Jahre alten sogenannten Limbischen System, dem Ursäugergehirn, überlagert. Dieses Limbische System, das zunächst Geruchs- und Geschmacksreize verarbeitet, und McLean zufolge eine wichtige Funktion bei der Entwicklung der Gefühle hat, steht in enger Verbindung mit dem Hypothalamus, der »eine fundamentale Rolle bei der Integration von Gefühlsausdrücken spielt«.[31]

Das »Ursäugergehirn« wiederum aktiviert die ihm benachbarten Hirnregionen, den neuesten, über allen anderen liegenden Hirnteil: das Großhirn (den Cortex) und das »neue Großhirn«, die Frontallappen des Großhirns (den Neocortex). Im älteren Limbischen System laufen also, neuesten Erkenntnissen zufolge, Schlüsselprozesse der Bewußtseinsbildung ab. Verstand und Gefühl, Ratio und Emotionalität können, ob es uns nun paßt oder nicht, ohne einander nicht auskommen! Überhaupt steht das Großhirn in Beziehung zu allen Hirnteilen, deren Signale es verarbeitet und in Handlungen umsetzt, ebenso wie alle Hirnbereiche miteinander korrespondieren – ein kompliziertes Zusammenspiel, das den ausgereiftesten Computer an Leistung weit übertrifft.

Das Großhirn verarbeitet unter anderem alle unsere Wahrnehmungen und läßt uns willkürliche Bewegungen planen und ausführen. Es ist umgeben von einer grauen Schicht, der Großhirnrinde, die unser bewußtes Denken ermöglicht und sonst auch hochgradig spezialisiert ist:

Hier befinden sich, genau lokalisiert wie auf einer Landkarte, Wahrnehmungszentren für das Sehen zum Beispiel und die Interpretation von Geräuschen, für die Deutung von Körperempfindungen, Zentren für die Sprache und zahlreiche andere für Bewegungen einzelner Körperteile (die motorischen Zentren). Interessant ist, daß die Zentren für die Hand-, Finger- und Sprachmuskeln wesentlich ausgedehnter sind als die anderen motorischen Zentren.

Das »Material«, das die Leistung dieses Apparats ermöglicht, sind Nervenzellen, Neuronen. Ein erwachsener Mensch verfügt über zwölf Milliarden solcher Neuronen. Wenn das Kind zur Welt kommt, hat es bereits einen großen Teil dieser Neuronen gebildet. Sein Hirnvolumen beträgt ein Viertel von dem eines ausgereiften Gehirns.

An Gewebsschnitten haben Hirnphysiologen in den letzten Jahren mit Hilfe des Elektronenmikroskops genau beobachten können, wie die Bildung und Wanderung dieser Zellen vor sich geht. Auf dem »Europäischen Seminar für Entwicklungsneurologie« in Hamburg stellten einige Wissenschaftler ihre neuesten Forschungsergebnisse vor, die unsere Vorstellung vom Kind im Mutterleib noch genauer werden lassen. Sie nötigen uns, wie andere Untersuchungen auch, zu einem ganz neuen Respekt vor jenem bisher vor allem unbekannten Wesen im Dämmerlicht des Mutterleibs.

Die Französin Jeannie-Claudie Larroche vom Centre de Recherche de Biologie Foetale in Paris zeigte anhand von Dias, wie sich aus dem aus einer Zellschicht bestehenden Neuralrohr, das sich am 22. Tag der Entwicklung geschlossen hat, Hirnbläschen bilden. Diese weisen schon bald zwei Schichten auf. Die äußere besteht aus großen Neuronen. In der inneren, der sogenannten Matrix, finden rasche Zellteilungen statt. Große Nervenzellen wandern jetzt von innen nach außen und bilden dabei neue Schichten: insgesamt werden es sechs. Diese »Zellwanderung« nennt man Migration. Sie vollzieht sich in parallelen strahlenförmigen Kolonnen an Fasern entlang. Die Neuronen für die äußeren Strukturen müssen dabei mehrere Hirnschichten durchqueren. Merkwürdigerweise wandern die Neuronen für den inneren Kern des Hirns in umgekehrter Richtung aus der äußersten, sogenannten molekularen Schicht, die aus großen Neuronen besteht, nach innen. Ein Vorgang, den der Neuropsychiater Professor Philippe Evrard von der Universitätsklinik in Brüssel als einen Prozeß des »inside out« und »outside in« (»von innen nach außen« und »von außen nach innen«) umreißt.[32]

Noch während dieser Zellvermehrung und -wanderung findet die früheste Vernetzung des Gehirns mit Dendriten und Synapsen statt. Erste Synapsen wurden schon bei einem sieben Wochen alten Embryo beobachtet. Bei einem ausgereiften Gehirn ist das Netz der Nervenfasern in der Lage, Hunderte von Impulsen pro Sekunde zu übertragen. Diese Impulse fließen in viele Richtungen gleichzeitig. In einer einzigen Sekunde kann sich ein Impuls so in bis zu einer Million Nervenzellen in unterschiedlichen Teilen des Gehirns ausbreiten.

Man kann sich vorstellen, daß Störungen, die in der Embryonal- oder Fötal-Zeit die Entwicklung behindern, schwere Folgen haben. Gefahr droht dem zarten Gehirn vor allem durch Sauerstoffmangel, aber auch durch Infektionen, Medikamente und Drogen. »Die ersten Wochen der embryonalen und fötalen Entwicklung sind also von entscheidender Bedeutung für die Bildung des Zentralnervensystems und damit auch für die meisten Fehlbildungen«, sagte die französische Wissenschaftlerin.

Die nächsten Wochen im Leben des Fötus stehen im Zeichen der Entwicklung feinerer Strukturen. Von ihnen wird das harmonische Funktionieren des Gehirns abhängen. In der 20. Woche, so demonstrierte auf dem oben erwähnten Seminar Dr. Alison Feess-Higgins, ebenfalls vom Pariser Institut für Foetale Biologie, beginnt die sogenannte Markscheidenbildung,

die Myelinisierung, deren Funktion wir anfangs erklärt haben.[33] Interessanterweise ist das vestibuläre System der erste Bereich im Gehirn, der eine Myelinisierung aufweist.

Die Reifung des kindlichen Gehirns im Mutterleib entzieht sich ebenso wie die gesamte Entwicklung des Fötus unserer direkten Beobachtung. Viele Kenntnisse, die wir über die letzten Wochen vor der Geburt haben, stammen daher aus der Beobachtung Frühgeborener. Sie geben uns noch konkreter als die Hirnforschung einen Eindruck, ein reales Bild, von den frühen Fähigkeiten des Fötus und vor allem auch von seinem seelischen Entwicklungszustand, ja, sogar von seinen psychischen Bedürfnissen.

Die amerikanische Anthropologin Lucile Newman von der Brown University in Providence (Rhode Island) beobachtete zu früh geborene Kinder im Brutkasten. Sie kam zu dem Schluß, daß das isolierte Dasein dieser »Frühchen«, denen man bis vor kurzem kaum Erlebnisfähigkeit zugestand, wichtige Folgen für ihre weitere Entwicklung habe. Man könne sich nicht damit trösten, daß dieses Dasein im Brutkasten (wie im Mutterleib) einfach ungenutzte Zeit – »time out« – sei. Es zeigte sich nämlich, daß die Frühgeborenen schon fähig waren zu lernen.

Allerdings war das, was es zu lernen gab, eher negativ, ein Verhalten, das für ihre Zukunft nicht dienlich sein konnte: Schon in den ersten Tagen reagierten die Kinder mit Schreien, wenn ihnen weh getan wurde, beispielsweise bei der Blutentnahme. Sie zeigten also nicht nur ausgeprägte Schmerzwahrnehmung, sondern auch die Fähigkeit, ihrer Umwelt ein Signal zu geben. Ihr Schreien war ein erster Schritt zur Kommunikation. Da es jedoch niemand zur Kenntnis nahm, und man ihnen weiter Schmerzen zufügte, hörten sie schon nach einigen Tagen auf zu weinen. Einige verzogen noch eine Weile schmerzvoll das Gesicht. Dann verschwanden auch diese Signale. Ein negativer Lernprozeß war abgelaufen. Natürlich wären die Kinder auch in der Lage gewesen, positiv zu lernen, zum Beispiel, daß

Über welche Fähigkeiten der Fötus in den letzten Monaten bereits verfügt, können wir an zu früh geborenen Kindern beobachten. Babys im Brutkasten sind schon fähig zu lernen und sie nehmen es wahr, wenn ihre Eltern sie besuchen, sie streicheln und zu ihnen sprechen.

Wenn ein Kind auf die Welt kommt, verfügt es bereits über ein ganzes Repertoire an Gesichtsausdrücken, das die Eltern in Staunen versetzt. Ohne zu lernen, kann es mit seiner Mimik der Mutter eindeutig klar machen, ob es ruhig und entspannt ist, ob es etwas als angenehm oder unangenehm empfindet oder ob ihm etwas fehlt. Diese Fähigkeiten entwickeln sich bereits im Mutterleib, wo man sie mit Ultraschall beobachten kann. Sie sind genetisch programmiert.

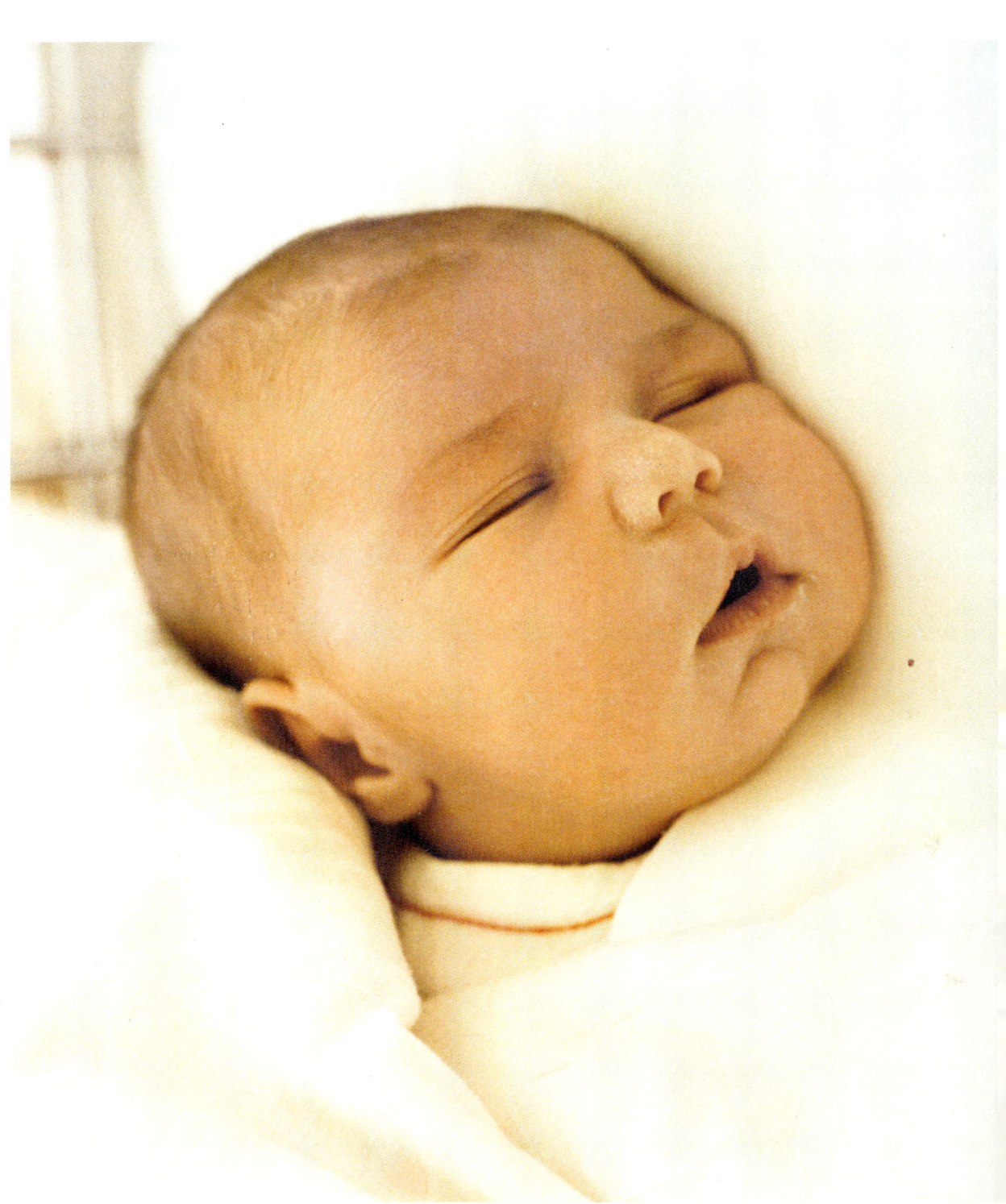

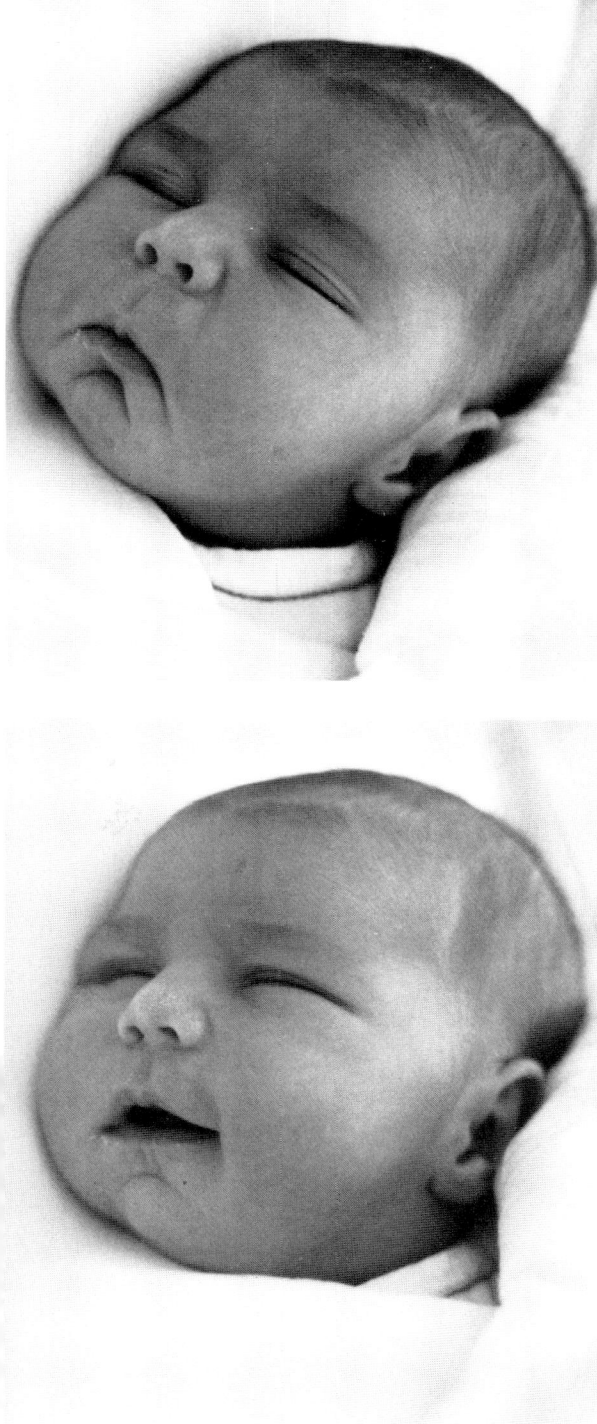

ihre schmerzlichen Appelle beantwortet werden, folglich einen Sinn haben.

Für die Bedeutung der Eltern-Kind-Beziehung gibt es ebenso aufschlußreiche Beobachtungen. Lucile Newman stellte fest, daß sich die Kinder, die häufig von ihren Eltern besucht, angefaßt, gestreichelt und durch die Öffnung im Brutkasten angesprochen wurden, besser entwickelten und schneller zunahmen als eine Vergleichsgruppe von Kindern, die nie Besuch bekamen.[34] Die Gegenwart und das Verhalten der Eltern ist für das Baby eine besonders komplexe Erfahrung und damit wertvoller als alle anderen Formen der Anregung. Lernen ist, wie wir gesehen haben, eine Funktion des gesamten Nervensystems. Aber die Eltern vermitteln ihrem Kind noch viel mehr: vor allem Geborgenheit und das Gefühl, geliebt zu werden.

Ohne dieses Gefühl, darüber sind sich Wissenschaftler einig, kann ein Baby nicht gedeihen. Es leidet an seelischer Vereinsamung, Deprivation, und wird in seiner Entwicklung gehemmt – im Mutterleib wie im Brutkasten. Alle Erkenntnisse, die hier zusammengetragen worden sind und noch viele mehr, die nicht vorgestellt werden konnten, deuten darauf hin, daß wir allen Grund haben, den Fötus und auch den Embryo als fühlenden, erfahrungssammelnden und liebebedürftigen, wenn auch noch unvollkommenen Menschen ernst zu nehmen.

Sicher verändert sich sozusagen das Instrumentarium für Fühlen und Erfahren, der Embryo hat andere Möglichkeiten als der Fötus der letzten Wochen, der schon über ein differenziertes Sensorium verfügt. Entwicklung ist etwas Fließendes. Darum ist der Zeitpunkt der Geburt zwar wichtig, aber doch nichts mehr als ein Übergang. Er zeigt nur an, daß das Baby reif und vor allem bereit ist, aus dem Uterus der Mutter in den »Uterus der Familie« aufgenommen zu werden. Bis es reif ist, allein mit dem Leben zurechtzukommen, wird es noch einige solche einschneidenden Übergänge erleben, werden viele Jahre vergehen.

Ein Kind, das von seinen Eltern nicht geliebt wird, leidet schon im Mutterleib an Deprivation – an seelischer Vereinsamung.

Alter in Wochen	Größe in cm*	Gewicht in g	Entwicklung
24	23	820	Die Fingernägel sind jetzt ausgebildet. Der Körper ist noch mager, die Haut noch schrumpelig.
26	25	1000	Der Fötus wird jetzt außerhalb des Mutterleibs lebensfähig, weil sein Atemsystem – wenn auch noch unzulänglich – schon funktioniert. Die Augen öffnen sich.
28	27	1300	Die Augen sind ganz geöffnet, die Haare wachsen stärker.
30	28	1700	Die Zehennägel sind ausgebildet. Das Fettpolster unter der Haut hat sich stark vermehrt.
32	30	2100	Jetzt wird die Haut rosig und glatt, Arme und Beine bekommen eine rundliche Form.
36	34	2900	Auch der Körper ist jetzt weich und rundlich. Während der letzten Wochen lagern sich jeden Tag etwa 14 g Fettgewebe ein.
38	36**	3000–3400	Geburtstermin. Viele Kinder werden 14 Tage vor oder nach diesem Termin geboren.

* Scheitel-Steißlänge.
** ausgestreckt 50 bis 52 cm lang.

Abort	alle Tot- und Fehlgeburten, die weniger als 1000 Gramm wiegen.
Adrenalin	Erregungshormon.
Amnion	Fruchtblase.
Amniozentese	Fruchtwasseruntersuchung zur Feststellung von Anomalien.
Autosomen	alle Chromosomen außer dem Geschlechtschromosom.
Axone	Fortsätze von Nervenzellen.
Blastomere	Zellen, die bei der Furchung entstehen.
Blastozyst	der blasenförmige menschliche Keim, Stadium nach der Morula.
Chorion	zottige Hülle, die den Embryo mitsamt der Fruchtblase umhüllt. Ein Teil des Chorion verwächst mit der Uterusschleimhaut zur Plazenta.
Chromosomen	fadenartige Gebilde im Zellkern, Träger der Erbinformationen.
Curetage	Ausschabung.
Dendriten	Verästelung von Nervenzellen.
dizygot	zweieiig.
Ektoderm	anfangs die »Rücken«-Schicht der Keimscheibe.
Elektroenzephalogramm	Hirnstrommessung.
Embryo	das ungeborene Kind in den ersten acht Wochen.
Embryoblast	Zellhaufen im Blastozyst, aus dem später der Embryo wird.
Embryologie	Lehre vom ungeborenen Kind.
Engramm	elektrochemische Gedächtnisspur.

Entoderm	anfangs die zur »Bauchseite« gelegene Schicht der Keimscheibe.
Epithel	funktionelle Gewebe, wie Darm-, Mund- und Luftröhrenschleimhaut, aber auch z. B. Leber.
evolutionär	entwicklungsgeschichtlich.
Fötus oder Fetus	das ungeborene Kind von der 9. Woche bis zur Geburt.
funktionell	die Funktionen betreffend.
Furchung	Zellteilung.
Gene	Erbeinheiten, die auf den Chromosomen angeordnet sind. »Alle Merkmale des Erwachsenen sind durch Gene bedingt, aber keine werden durch Gene direkt hervorgebracht« (E. Blechschmidt).
Genetik	Lehre von den Genen.
Globuline	Eiweißkörper im Blut.
Haftstiel	Verbindung zwischen Embryo und Chorion.
haploid	aus dem Griechischen »einfach«.
Homöostase	Selbstregulation.
Hypophyse	Hirnanhangdrüse.
Hypothalamus	unter dem Thalamus gelegene Region im Gehirn. Von ihm werden wichtige Regulationsvorgänge gesteuert, wie Wärmeregulation, Schlaf-Wachrhythmus, Schweißabsonderung usw.
Kontraktion	bei der Gebärmutter das rhythmische Zusammenziehen, »Wehen«.
Lanugo	wolliger Flaum auf der Haut des Fötus.
Mandibularbogen	Kiemenbogen, von Mandibula – Unterkiefer.
Matrix	innere Schicht des embryonalen Gehirns, aus der Zellen nach außen wandern.

menstruel regulation	Menstruationsregelung, frühe Schwangerschaftsabbruchsmethode in den USA.
Mesoderm	anfangs die Binnengewebsschicht zwischen den beiden äußeren Schichten der Keimscheibe.
Migration	Zellwanderung.
monozygot	eineiig.
Mororeflex	Schreckreaktion bei Neugeborenen (Streckung mit nachfolgender Beugung).
morphologisch	die Gestalt betreffend.
Morula	maulbeerartige Kugel aus Blastomeren.
Myelinisierung	Markscheidenbildung, Stabilisierung der Nervenfasern.
Neuralrohr	rohrförmige Anlage des Nervensystems.
Neuron	Nervenzelle.
Neurotransmitter	Überträgerstoffe, chemische Substanzen, die für die Übermittlung elektrischer Impulse im Gehirn sorgen.
Nidation	Einnistung des Blastozysten in der Schleimhaut der Gebärmutter.
Noradrenalin	Adrenalin-ähnliches Hormon.
Ontogenese	Individualentwicklung.
perinatal	um die Geburt herum.
Phylogenese	Stammesentwicklung.
Pigment	Farbstoff im Körper.
Plazenta	Mutterkuchen.
Propriozeption	Eigenwahrnehmung aus Muskeln und Gelenken.

Psychosomatik	medizinische Richtung, die den Zusammenhang zwischen Körper und Psyche betont.
Retina	Netzhaut.
Rezeptoren	»Empfänger« für Sinneswahrnehmungen.
Rooting Reflex	Reaktion des Neugeborenen: Wenn seine Wange berührt wird, wendet es den Kopf zur Reizquelle – es sucht die Brustwarze.
Serotonin	Gewebshormon, das die Muskulatur der Gefäße und des Uterus erregt.
Soma	Körper.
Synapse	Kontaktherstellung für die Übermittlung von Impulsen im Gehirn.
Taktilität	Berührungsempfindlichkeit.
teratogen	schädlich, Mißbildungen erzeugend.
Thalamus	Eine Art Sammel- und Umschaltstelle im Gehirn, »Tor zum Bewußtsein«.
Throphoblast	Zellhaufen im Blastozyst, aus dem später die Plazenta wird.
Thymusdrüse	Wachstum-steuernde Drüse.
Umbilikalvene	Nabelstrangvene.
Uterus	Gebärmutter.
Vakuumextraktion	Absaugmethode.
vestibuläre Kerne	Bereiche im Hirnstamm, die zusammen mit dem Kleinhirn das Gleichgewichtssystem steuern.
vestibuläres System	Gleichgewichtssystem.
Zygote	das befruchtete Ei.

[1] Fallaci, Oriana: *Brief an ein nie geborenes Kind.* Frankfurt: Fischer Taschenbuch-Verlag 1979. S. 29f.

[2] Zitiert nach Fedor-Freyberg, Peter G. In: Schindler, S./Zimprich, H.:   *Ökologie der Perinatalzeit.* Stuttgart: Hippokrates Verlag 1983. S. 26.

[3] Blechschmidt, Erich: *Wie beginnt das menschliche Leben.* Stein am Rhein: Christiania-Verlag 1976. S. 30.

[4] Blechschmidt, Erich: *Wie beginnt das menschliche Leben.* S. 46.

[5] Blechschmidt, Erich: *Wie beginnt das menschliche Leben.* S. 134, 154.

[6] Gémes, Balázs: Die Abtreibung im Mittelalter in Ungarn. In: Schiefenhövel, W./Sich, D. (Hrsg.):   *Curare – die Geburt aus ethnomedizinischer Sicht.* Bd. I. Braunschweig/Wiesbaden: Friedrich Vieweg & Sohn Verlag 1983. S. 114f.

[7] Bräutigam, Hans-Harald, Grimes, David A.:   *Ärztliche Aspekte des legalen Schwangerschaftsabbruchs in der Bundesrepublik Deutschland und den Vereinigten Staaten von Amerika.* Stuttgart: Enke-Verlag 1984. S. 53.

[8] Bräutigam, Hans-Harald, Grimes, David A.:   *Ärztliche Aspekte des Schwangerschaftsabbruchs.* S. 49.

[9] Schindler, S./Zimprich, H.:   *Ökologie der Perinatalzeit.* Stuttgart: Hippokrates-Verlag 1983. S. 30.

[10] Schindler, Sepp: *Geburt – Eintritt in eine neue Welt.* Göttingen: Hogrefe-Verlag 1982. S. 77.

[11] Schindler, Sepp: *Geburt.* S. 77.

[12] Richter, Dietmar. In: Hau, T. F./Schindler, S. (Hrsg.):   *Pränatale und perinatale Psychosomatik.* Stuttgart: Hippokrates-Verlag 1982. S. 189.

[13] Alle Beispiele aus: *Curare.* 1/1983.

[14] Milani-Comparetti, Adriano, in einem unveröffentlichten Vortrag auf dem »Europäischen Seminar für Entwicklungsneurologie« in Hamburg, 1983.

[15] Ayres, Jean: *Bausteine der kindlichen Entwicklung – Die Bedeutung der Integration der Sinne für die Entwicklung des Kindes.* Heidelberg: Springer-Verlag 1984. S. 47.

[16] Nach: *The Brain – A User's Manual.* A Perigee Book. New York: G. P. Putnams Sons 1982. S. 62f.

[17] Ayres, Jean: *Bausteine.* S. 64.

[18] Gottlieb, Gilbert: *Conceptions of Prenatal Development: Behavioral Embryology.* In: *Psychological Review.* Kb 83. Washington D.C.: American Psychological Association 1976. S. 215–232.

[19] Gottlieb, Gilbert: *Conceptions of Prenatal Development.* S. 218.

[20] Milani-Comparetti, Adriano, Vortrag Hamburg 1983.

[21] Moore, Keith L.:   *Embryologie – Lehrbuch und Atlas der Entwicklungsgeschichte des Menschen.* Stuttgart: F. K. Schattauer Verlag 1980. S. 115.

[22] Milaković, Ivan: *Pränatale Adaptationsprozesse und ihre psychophysischen Grundlagen.* In: Hau, T. F./Schindler, S.: *Pränatale und Perinatale Psychosomatik,* Stuttgart: Hippokrates Verlag 1982. S. 124–131.

[23] Schindler, S./Zimprich, H. (Hrsg.):   *Ökologie der Perinatalzeit.* Stuttgart: Hippokrates Verlag 1983. S. 57.

[24] Graber, Gustav Hans: *Das pränatale Seelenleben und einige überbrückende Hinweise zum postnatalen und postmortalen Dasein.* In: Schindler, Sepp (Hrsg.): *Geburt – Eintritt in eine neue Welt.* Göttingen: Hogrefe-Verlag 1982. S. 15.

[25] Aus: Schindler, Sepp (Hrsg.):   *Geburt.* S. 15.

[26] Hau, T. F./Schindler, S. (Hrsg.):   *Pränatale und Perinatale Psychosomatik.* Stuttgart: Hippokrates Verlag 1982. S. 115.

[27] Zitiert nach:
Hau, T. F./Schindler, S. (Hrsg.):   *Pränatale und Perinatale Psychosomatik.* S. 115.

[28] Schindler, S./Zimprich, H. (Hrsg.):   *Ökologie der Perinatalzeit.* S. 86.

[29] Vortrag, gehalten auf dem »Europäischen Seminar für Entwicklungsneurologie« in Hamburg, 1983.

[30] Prescott, James W.:   *Early Somatosensory Deprivation as an Ontogenetic Process in the Abnormal Development of the Brain and Behavior.* In: I. E. Goldsmith/J. Moor-Jankowski (Hrsg.): *Medical Primatology.* Basel, New York: Verlag S. Kasser 1971. S. 4–6.

[31] Zitiert nach: *Unsere erste Natur. Die biologischen*
Dieter E. Zimmer: *Ursprünge menschlichen Verhaltens.* München: Kösel-Verlag 1979. S. 289 f.

[32] Vortrag, gehalten auf dem »Europäischen Seminar für Entwicklungsneurologie« in Hamburg, 1983.

[33] Vortrag 1983.

[34] Vortrag 1983.

Blechschmidt, Erich:

Wie beginnt das menschliche Leben?
Stein am Rhein: Christiania-Verlag 1976.

Borg, Susan/Lasker, Judith:

*Glücklose Schwangerschaft – Rat und Hilfe bei
Fehlgeburt, Totgeburt und Mißbildungen.*
München: Tomus Verlag 1983.

Clauser, Gunter:

*Die vorgeburtliche Entstehung der Sprache als
anthropologisches Problem.*
Stuttgart: Enke Verlag 1971.

Czermak, Hans:

*Die erste Kindheit – Ein ärztlicher Ratgeber für
das 1. und 2. Lebensjahr.*
Wien: Molden Schulbuch-Verlag 1982.

Fallaci, Oriana:

Brief an ein nie geborenes Kind.
Frankfurt a.M.: Fischer Taschenbuch Verlag 1979.

Gibson, James J.:

Die Sinne und der Prozeß der Wahrnehmung.
Bern, Stuttgart, Wien: Verlag Hans Huber 1973.

Gottlieb, Gilbert (Hrsg.):

*Studies on the Development of Behaviour and
the Nervous System.*
Volume 1: *Behavioral Embryology.* 1973.
Volume 4: *Early Influences.* 1978.
New York, London: Academic Press.

Gottlieb, Gilbert:

*Conceptions of Prenatal Development: Beha-
vioral Embryology.* In: *Psychological Review.*
Vol. 83.
Washington, D.C.: American Psychological
Association, Inc. 1976.

Graber, Gustav Hans/Kruse, Friedrich:

*Vorgeburtliches Seelenleben – Naturwissen-
schaftliche Grundlagen/Anfänge der Erfah-
rungsbildung/Neurosenverhütung von der Zeugung an.*
München: Goldmann Verlag 1973 (Goldmann
Medizin. Bd. 9028).

Grof, Stanislav:

*Perinatale Ursprünge von Kriegen, Revolutio-
nen und Totalitarismus – Beobachtungen aus
der LSD-Forschung.* In: *Kindheit.* I.
Wiesbaden: Akademische Verlagsges. 1983.

Gross, Werner:

Was erlebt das Kind im Mutterleib?
Freiburg i. B.: Herder Verlag 1982 (Herderbücherei. Bd. 958).

Hau, T. F./Schindler, S.:

Pränatale und Perinatale Psychosomatik.
Stuttgart: Hippokrates 1982.

Janov, Arthur:

Frühe Prägungen.
Frankfurt a. M.: S. Fischer 1984.

Kreybig, Thomas von:

Entstehung von Mißbildungen.
München, Berlin, Wien: Schwarzenberg 1975.

Kreybig, Thomas von (Hrsg.):

Verhütung angeborener Behinderungen.
Hamburg: 1982 (Merkblatt).

Laing, Ronald D.:

Die Stimme der Erfahrung – Erfahrung, Wissenschaft und Psychiatrie.
Köln: Kiepenheuer und Witsch 1982.

Lux Flanagan, Geraldine:

Die ersten neun Monate des Lebens.
Hamburg: Rowohlt Taschenbuch Verlag 1982.

Moore, Keith L.:

Embryologie – Lehrbuch und Atlas der Entwicklungsgeschichte des Menschen.
Stuttgart: F. K. Schattauer Verlag 1980.

Netter, Frank H. (Hrsg.):

Nervous System.
New York: Ciba 1962.

Piaget, Jean:

Das Erwachen der Intelligenz beim Kinde.
Stuttgart: Ernst Klett-Verlag 1969.

Popper, Karl R./Eccles, John C.:

Das Ich und sein Gehirn.
München, Zürich: R. Piper & Co. Verlag 1977.

Prescott, James W.:

Early Somatosensory Deprivation as an Ontogenetic Process in the Abnormal Development of the Brain and Behavior. In: I. E. Goldsmith/J. Moor-Jankowski (Hrsg.): *Medical Primatology.*
Basel, New York: Verlag S. Kasser 1971.

Schiefenhövel, Wulf/Sich, Dorothea (Hrsg.):   *Die Geburt aus ethnomedizinischer Sicht.* In: *Curare.* 1/83.
Braunschweig: Vieweg-Verlagsgesellschaft 1983.

Schindler, Sepp: *Die seelische Dimension des vorgeburtlichen Menschen.* In: *MGM.* 8. S. 198–202.
Stuttgart: Enke-Verlag 1983.

Schindler, Sepp/Zimprich H.:   *Ökologie der Perinatalzeit*
Stuttgart: Hippokrates-Verlag 1983.

Schindler, Sepp: *Geburt – Eintritt in eine neue Welt.*
Göttingen: Hogrefe 1982.

Verny, Thomas: *Das Seelenleben des Ungeborenen – Wie Mütter und Väter schon vor der Geburt Persönlichkeit und Glück ihres Kindes fördern können.*
München: Rogner und Bernhard 1981.

Zimmer, Dieter E.:   *Der Mythos der Gleichheit.*
München, Zürich: R. Piper & Co. Verlag 1980 (Serie Piper).

Zimmer, Dieter E.:   *Unsere erste Natur – Die biologischen Ursprünge menschlichen Verhaltens.*
München: Kösel-Verlag 1979.

*Was schon
der Fötus fühlt,
versteht
das Kind:
Ich werde
geliebt*

Bildnachweis

Dr. Rainer Jonas: (Titel, Seite 18, 22, 23, 32, 34, 35, 38, 52, 54, 55, 58, 65, 72, 73, 77, 80, 81) – Jo Röttger: (Seite 42, 47, 63, 95) – Dr. Greb: (Seite 53) – Maria Biller: (Titelrückseite)

Illustrationen Ute Osterwalder: (Titel, Seite 18, 27, 30, 38, 50, 58, 68)

Mit dem vorliegenden Atlas über die seelische und körperliche Entwicklung des Menschen im Mutterleib knüpft die Autorin an ein Thema an, das sie bereits seit einigen Jahren in anderen Veröffentlichungen beschäftigt hat: die seelischen Grundbedürfnisse eines Kindes. In ihrem Buch *Das einsame Kind* zeigt sie die Auswirkungen seelischer Mangelsituationen in den ersten Lebensjahren auf. Es wird deutlich, wie stark der Mangel an Zuwendung, Liebe und Verständnis, kurz, wie Einsamkeit ein Kind nicht nur in extremen Lebenssituationen im Heim oder Krankenhaus, sondern auch in der ganz »normalen« Familie bedrohen und es in seiner seelisch-geistigen Entfaltung ebenso hemmen wie in seiner körperlichen Entwicklung. Wie sich frühe Kindheitserlebnisse auswirken können, verfolgt die Autorin in einem weiteren Buch – *Das Familiengespräch* – bis ins Erwachsenenalter hinein. Sogar noch die Beziehungen Jugendlicher und Erwachsener zu ihren älter gewordenen Müttern und Vätern – das stellt die Autorin an zahlreichen Beispielen dar – zeigen die positiven oder auch negativen Spuren der frühen Familienerlebnisse. In der Aufarbeitung dieser Erfahrungen sieht Katharina Zimmer einen Ausweg aus einem Generationen umschließenden Teufelskreis von immer aufs neue wiederholter Verständnis- und Lieblosigkeit. Sie meint: Frühkindliche Deprivationssituationen müssen nicht zwangsläufig von den herangewachsenen Kindern an ihre Töchter und Söhne weitergegeben werden.